Cómo alcanzar
U$ 1 Millón de Dólares
transando On Line

CFDs Contratos por Diferencia,
lo mejor de la Bolsa!
Un sólo instrumento para transar de todo:
FOREX, ORO, PETRÓLEO, ÍNDICES Y ACCIONES

José Meli Mundi

Cómo alcanzar U$ 1 Millón de Dólares transando On Line

©   José Meli Mundi, 2010
      Página web www.tradingbysurfing.com

© BN Publishing
      Fax: 1 (815)6428329
      Contact Us: info@bnpublishing.net
      www.bnpublishing.net

      ISBN N° 978-1-60796-311-0

      Primera edición, octubre de 2010

      Diseño y diagramación: Elba Peña R.

      Diseño Portada: J.Neuman

DEDICATORIA

A Cecilia, mi gran compañera.

A mi familia, el regalo más precioso que la vida me brindó.

A mi padre por su ejemplo de honestidad y trabajo.

A mi madre por criarme con amor.

A la Prosperina y la Lorenza, pedacitos de vida en forma de perros.

AGRADECIMIENTOS

Agradezco a Cecilia mi compañera de toda la vida, por haberme dado la libertad de arriesgar nuestros ahorros en esta aventura de especulación en los mercados, y por sobre todo, por haber creído en mí. Nadie que no arriesgue en serio su capital, podría desarrollar un verdadero conocimiento sobre este tema, porque para ello es preciso experimentar en carne propia lo que significan las fuertes emociones asociadas al trading. Para penetrar los misterios de la ciencia bursátil se requiere de una vivencia real, para descubrir de este modo reglas exitosas y buenas prácticas de trading con el objetivo de doblegar a nuestro ego, cuya naturaleza intrínseca nos empujará espontáneamente a tomar decisiones impulsivas que conducen sistemáticamente a impedir el éxito en los mercados.

ÍNDICE

LA CONQUISTA

El que se conoce a sí mismo, es sabio.

El que conquista a los demás, es poderoso.

El que se conquista a sí mismo es invencible.

Lao-Tsé, siglo VI A.C.

LA BÚSQUEDA

... y el profeta se levantó y comenzó a dirigir su discurso a la multitud reunida en el mercado de la plaza de la ciudad.

"¡Oh, hermanos míos! ¿Vosotros realmente desearíais conseguir la verdad sin tribulaciones, el conocimiento en forma fácil, grandes logros sin esfuerzo y progresos sin sacrificios?".

Inmediatamente la multitud se apiñó en torno a él y comenzó a gritar entusiasmada: "¡Sí, síí, sííí...por favor!"

"Excelente, me parece justo...", dijo el profeta. "Yo les preguntaba porque sólo quería saber... Esperen sentados a la sombrita, y si algún día descubro algo así, confiád que vendré a comunicároslo"..

Cuento Sufi

Este cuento lo he incluido en los dos libros anteriores, "El sorprendente mundo de la Bolsa", publicado en 1996, reeditado en 2007 y "Navegando en la tormenta de los Mercados", publicado en 2008, ambos para AMAZON.

Su interesante mensaje insinúa que el conseguir logros sin esfuerzo y progresos sin sacrificios no existe! Pero después de tantos años en el tema bursátil, he podido sospechar finalmente que podría existir algo así en este campo... pero de ser factible no sería fácil precisamente, ya que dependería de cada uno si aprendiera a conocerse a sí mismo como actúa frente al mercado. Esta tarea quizás sea la más difícil de conseguir para el *trader*, porque significa indagar y conocer los recovecos de su más íntima naturaleza que lo empujará a reaccionar ante situaciones como el miedo, la codicia y la ambición, al enfrentar los movimientos imprevistos del mercado.

CUANDO...

- Cuando no se te acelere el corazón al abrir el mercado
- Cuando no actúes como un toro que sale al ruedo
  y embiste al primer paño rojo en movimiento
- Cuando seas capaz de seguir las reglas
  que tú mismo hayas establecido
- Cuando una brusca variación de precio en contra
  no te haga olvidar lo que tenías planeado realizar
- Cuando no se te apriete el estómago si el mercado
  amenaza con detonar el STOP
  que tú mismo has colocado
- Cuando no caigas en la tentación de recuperar a toda costa
  la pérdida de esa operación que arruinó tu día
- Cuando tengas la frialdad para dejar correr una ganancia
  hasta su punto de reversión
- Cuando no te inmutes al ver una posición ganadora
  convertirse en una perdedora,
  por no haberla cosechado a tiempo
- Cuando una ganancia o una pérdida
  no te haga saltar de alegría, o te suma en una depresión
- ...entonces recién ese día podrás decir
  que estás comenzando a operar
  como un verdadero *trader* profesional.

J. Meli

CAPÍTULO I

INTRODUCCIÓN

Ser independiente económicamente obteniendo dinero transando en los mercados es el sueño buscado por todos aquellos que han conocido la emoción del *trading online*. ¿Quizás sea esta una ilusión un poco infantil de cualquier haragán soñador?

Generar ingresos en forma consistente, transando unas pocas horas al día para crear un capital, es el gran desafío. Manejarlo para que crezca cada día con el objetivo de realizar retiros mensuales que nos permita ser libre financieramente y compartir generosamente atendiendo necesidades del prójimo que se cruce en el camino, es una ilusión largamente acariciada por muchos.

Hoy la Internet ha colocado a disposición de los inversionistas un mundo bursátil lleno de oportunidades para transar, dirigido tanto a un público joven como también a los miles de jubilados de última generación, que dominan Internet y que se encuentran en sus casas prematuramente retirados, con todas sus facultades intactas, pero segregados por el sistema laboral, impedidos de reinsertarse dignamente, y que no pueden encontrar cómo desarrollar una actividad para invertir su tiempo rentablemente.

Con la irrupción de la Internet nuestra generación está viviendo el umbral de una nueva era. Los increíbles avances tecnológicos en este campo han ayudado a abrir las puertas ocultas del templo de las transacciones de los mercados bursátiles. Los antiguos compartimientos llenos de trabas, concebidos para mantener al público ignorante de los beneficios de los *brokers*, se han derrumbado mostrando una total transparencia. Con la Internet, el vacío de información entre el origen de una operación y el inversionista ha quedado reducido prácticamente a cero. La nueva normativa para gestionar las órdenes de compra o venta ha cambiado para siempre la manera de trabajar de los *brokers*. Y los inversionistas, que ya son cada vez más sofisticados, se encargarán que esta situación ya no vuelva atrás.

La total democratización de los mercados nunca había estado más cerca que ahora. Gracias al desarrollo de la banca, que ha logrado rebajar los montos mínimos de capital requerido y a la tecnología de Internet, se ha permitido la incorporación masiva de participantes individuales.

La globalización de la economía mundial induce a visualizar que en un futuro no muy lejano habrá una sola bolsa en todo el planeta que interconectará los mercados de todos los países, haciendo que las bolsas locales como las concebimos hoy día, se encaminen a su fin. Los inversionistas modernos que se han atrevido a transar en forma directa en las bolsas internacionales ya gozan de los beneficios que el *trading online* les ofrece, en cuanto a costo, diversificación, liquidez, profundidad, independencia y transparencia.

En estos momentos se encuentran establecidas las bases para un verdadero gigante, el Mercado de Valores del Mundo Globalizado, con transacciones de todas las especies transables: acciones, divisas, índices, *commodities* tales como oro, petróleo, cobre y todo lo imaginable a través de un instrumento muy flexible denominado Contrato por Diferencia o CFD, permitiendo constituir actualmente un gran mercado mundial que rodea todo el planeta.

Esta revolución ha sido impulsada en los últimos veinte años causando un cambio fenomenal en los mercados y como resultado de ello, inversionistas grandes o pequeños, novatos o profesionales, pueden acceder hoy día con tan sólo un *click*, a los mayores mercados mundiales, directamente desde la comodidad de su casa o de su oficina.

A pesar que el transar ofrece una mezcla interminable de placer y frustraciones, es una actividad sencillamente fascinante. El tiempo parecerá detenerse frente a los gráficos en tiempo real y se viven en primera fila los acontecimientos mundiales que a la mañana siguiente serán titulares de primera plana en los diarios del mundo.

Por otra parte, ninguna otra área ofrece más ventajas que ésta para emprender la tarea de convertir un pequeño capital en un millón de dólares, tomando este utópico ejemplo como símbolo del desafío de amasar una gran fortuna.

Un emprendimiento como éste tiene la ventaja que no requiere de manejo de materias primas, no es intensivo en mano de obra con todas las complejidades que involucra administrar un recurso humano, ni requiere de almacenaje ni despachos de productos. No requiere aprobación alguna del sistema bancario para evaluar la capacidad crediticia del inversionista, porque el *broker* al momento de abrirle la cuenta de *trading* se la ofrece por definición, sólo dejando en garantía un centésimo del capital requerido en cada transacción. Y lo mejor de todo, su resultado es casi instantáneo.

La incomparable liquidez de este mercado y la actividad sin descanso 24 horas al día, 5 días la semana hacen de este mercado el paraíso ideal para los *traders*.

Pero para convertir este pasatiempo en una actividad placentera y rentable deberemos pasar por un proceso de transformación que comprende el aprendizaje del medio bursátil *online* para dominar cómo llevarlo a cabo correctamente, y un proceso mucho más difícil de introspección y conocimiento de uno mismo para descubrir la forma de dominar el monstruo interior que nos empuja a cometer los errores que impiden lograr el éxito en los mercados.

Será como aprender el juego de danzar ante las puertas del Templo del Dinero, cuyo *ticket* de entrada lo pagaremos colocando nuestro capital como una ofrenda a sus pies. Las puertas se abrirán en cualquier momento sólo por un instante, para luego cerrarse nuevamente, repitiendo este proceso una y otra vez, en una rutina sin fin. Deberemos entrenarnos para ser capaces de deslizarnos ágilmente para sacar unas cuantas monedas cada vez, antes que las compuertas de acero se cierren otra vez.

El método propuesto en este libro es de tal simpleza que no se requiere saber de altas matemáticas para aprenderlo, porque su fundamento está basado en el seguimiento visual de las ondulaciones del precio en los gráficos de tiempo. Cualquier persona que tenga entusiasmo por este tema podría lograrlo, si practica con dedicación.

Quizás el lograr acumular finalmente en la cuenta un Millón de Dólares a partir de un pequeño capital sea una meta utópica y muy difícil de alcanzar, pero lo más importante será descubrir que podríamos ser capaces de acudir al mercado, sabiendo que hay una fuente de ingresos esperando a ser capturada para ponerla a nuestra disposición cada vez que lo necesitemos, y ser libres financieramente.

Muchos se preguntaran porqué mi interés en escribir este libro, ya que si fuese cierto todo lo planteado, mejor me lo callara. Quizás sea porque el libro me ha servido para disponer de un interlocutor válido que me controla y me exige que sea consecuente con lo que planteo que se debe hacer. Este libro ha llegado a ser un compañero con el cual dialogo en la búsqueda del conocimiento y la conquista de mí mismo.

Por lo demás, se podría divulgar un perfecto manual de como tocar con un instrumento todas las notas de la escala musical, con sus diferentes matices y tonalidades, pero para lograr interpretar melodías afinadas y finalmente un gran concierto se requerirá de largas horas de entrenamiento, hasta llegar a comprender realmente la esencia del instrumento, y aprender a fluir en las partituras.

Como un propósito más elevado, siempre me ha rondado la idea de colocar al alcance de muchos la abundancia del sistema bursátil, al compartir abiertamente la fórmula para tener éxito en los mercados. Si muchos la utilizaran se profundizarían los ciclos y todo resultaría incluso mucho mejor para todos.

El desafío de este libro consistirá en poner todo ese conocimiento del mercado, logrado a golpes de pérdidas y noches mal dormidas, al servicio de los demás, para hacer que rinda los frutos de generar un ingreso tal que le permita a quien quiera intentarlo, obtener como premio la tan ansiada libertad financiera.

Estoy consciente de que al escribir este libro me expongo a la pregunta obvia: "¿Si habla tanto acerca del dinero, podríamos pensar que usted ha acumulado ya una fortuna?". Después de tantos años he logrado finalmente encontrar la ruta y avanzo un paso más cada día. Cuando realizo de buena forma el *trading* aplicando las reglas contenidas en este libro, he podido lograr rentabilidades sobre 20% mensual, en forma sistemática. Cualquier capital a esta tasa de crecimiento con la magia del interés compuesto podrá llegar a escalar al millón de dólares en un par de años, aunque lo más difícil será mantener la mano para transar cuando el tamaño de las operaciones vaya aumentando, y por otra parte no ceder a la tentación de retirar las ganancias.

Me ha tomado muchos años madurar los conceptos aquí expuestos. Prefiero compartirlos para que sean utilizados desde ya por quienes deseen ponerlos en práctica, y no esperar a acumular un Millón de Dólares para demostrar que los planteamientos entregados en este libro son legítimos. Que el lector juzgue y saque sus propias conclusiones.

CAPÍTULO II.

QUÉ ES Y PARA QUÉ SIRVE EL DINERO

No está claro en su origen histórico si el dinero fue creado espontáneamente en la transición desde el trueque al intercambio monetario, o fue inventado bajo la presión de las fuerzas del mercado, para flexibilizar las transacciones comerciales. Antes de inventarse un medio circulante, se requería una plena conjunción de intereses entre un vendedor y un comprador, para el intercambio de bienes y servicios, mientras que después de la existencia del dinero no necesariamente el comprador debía tener un bien intercambiable de valor equivalente y de interés para el vendedor. Con el dinero recibido, producto de la venta, el vendedor podía conseguir luego el bien necesitado con alguien que tuviera dicho bien disponible a la venta.

Para algunos historiadores, en el origen existió la armonía dentro de las economías tribales, regidas por leyes claras y comprensibles para todos. Luego, con la invención del dinero provino el caos, la abstracción total de su significado, la acumulación privada, la explotación de unos por otros y la pérdida de la transparencia en las relaciones de intercambio. De lo que no cabe duda es que nosotros hemos creado el dinero y reproducimos, extendemos y consagramos su uso día a día.

Desde que se echó a girar la rueda del dinero, no ha cesado la polémica en torno a él, sus consideraciones morales, su impacto en las personas, su influencia en las relaciones interpersonales, o sus efectos integradores en la economía.

De lo que tampoco cabe ninguna duda es que el complejo mundo de hoy es impensable sin un medio circulante, y se duda que sin él la economía de los países hubiese alcanzado el actual desarrollo.

Como producto propio de una sociedad mercantil, el dinero, siempre es de propiedad de alguien. Como materia inconsistente ha de satisfacerse a sí mismo apuntando hacia algo que está fuera de él. Si el dinero tuviera vida propia, podríamos describirlo como un animal en búsqueda constante de un dueño y de objetos o servicios en los cuales metamorfosearse, al acecho de un propietario y de un sentido en la vida. Pero el dinero no tiene esa vida. Quien la tiene es su poseedor, y es él en definitiva, quien debe buscar un sentido para su dinero.

El dinero puede ser definido en forma simple como un medio simbólico de valor que permite facilitar el intercambio de bienes y servicios. Pero en realidad es mucho más que eso. Como dice el filósofo Martín Hopenhayn en un ensayo sobre el dinero: *El dinero es una especie de ninguna cosa capaz de convertirse en cualquier cosa.*

El valor del dinero es mucho mayor de lo que está escrito en un billete o en una moneda. El dinero nos permite hacer cosas que no se pueden comprar con él. Es uno de los medios que el hombre tiene para entrar en contacto con la abundancia del universo, y al mismo tiempo, nos enseña a tratar con ella. Es el vehículo que nos transporta hacia la abundancia. El dinero simboliza el fruto del esfuerzo humano. Detrás de cada billete hay mucho trabajo honesto, pero también puede haber explotación humana, sufrimiento, estafas, robos o tráfico de drogas.

El dinero es energía que puede ser utilizada por las personas para desarrollarse como seres humanos integrales, compartiendo con quienes los rodean, y, por sobre todo, para dar libertad. Libertad económica significa no hacer nada que no se quiera, por dinero, y tampoco dejar de hacer algo que se quiera, por falta de él. Por ejemplo, si uno no puede alejarse de su lugar de trabajo, aunque sea para tomarse un descanso, entonces no se es libre. Si las obligaciones son tales que ocupan la mayor parte de su actividad emocional, entonces no se es realmente libre. Si se tiene dificultades en sostener su posición o su estilo de vida, entonces ha caído en su propia trampa y ha perdido su libertad. El dinero es un medio a nuestra disposición para mejorar la calidad de nuestra vida, asegurando mayor protección frente a la inseguridad básica, y otorgando a su vez mayor libertad.

El tener libertad e independencia para ganarse el sustento diario es el lujo más grande al cual se puede aspirar. El verdadero millonario es aquel cuyo capital o renta no depende de nadie, y es suficiente para cubrir sus necesidades y aspiraciones.

Desde el punto de vista práctico, en el plano físico de nuestra realidad, es imposible arreglárselas sin dinero. En el mundo en que nos desenvolvemos, el dinero es el símbolo de la supervivencia. Pero también es el símbolo clave del ego. El dinero puede ser mal usado, como instrumento de poder, o para ufanarse del triunfo frente a los demás. Muchos evalúan su valer de acuerdo a sus posesiones, o al *standard* de vida que tienen.

Con frecuencia encontraremos que el tema predilecto de las películas del cine es acerca de un malvado personaje que busca apoderarse de dinero para tener mucho poder y subyugar a los demás, o robos ingeniosos de dinero... pero en ficción o realidad... ¿para qué el hombre se da tanto afán por conseguir dinero si, al final de cuentas, el conseguirlo no es garantía en absoluto de lograr el objetivo principal en la vida?

El dinero tiene un halo de misterio. Mucha gente gasta su vida entera tratando de obtenerlo, y algunos, incluso, hasta mueren en el camino; pero a veces, cuando lo obtienen, se dan cuenta de que igualmente no son felices.

La vocación del ser humano es lograr la felicidad, como dijo el filósofo francés Lacordaire; pero lamentablemente, en nuestra sociedad occidental frecuentemente se confunde la felicidad con el tener cosas materiales.

Producto de lo anterior, existe una gran cantidad de personas infelices, ya que no todos poseen el dinero suficiente para satisfacer los impulsos de tener cosas.

La publicidad nos incita a una búsqueda insaciable de nuevos bienes, de nuevas experiencias, de nuevos símbolos de status y éxito. Nos bombardea con avisos intentando convencernos de que no tener lo último, lo más avanzado, es equivalente a ser desgraciado. Que la felicidad está en las cosas nuevas que se adquieren, y que para mantenerla hay que estar al día, deshaciéndose de lo viejo y comprando lo nuevo. Todo se basa en modas fugaces, y solamente lo último y más sofisticado permite mantener el *status*. Se nos induce a pensar que tener éxito en la vida consiste en poder seguir esa marcha frenética, siempre cambiante que nos acosa en forma permanente.

La obtención de éxito, fama, dinero o poder, tienen en común la propiedad de no garantizar una genuina satisfacción. El placer que otorgan tiene corta duración. La felicidad que producen las cosas materiales dura el tiempo que toma acostumbrarse a ellas. Una vez que eso ocurre, la nueva situación material, como la nueva casa, el nuevo automóvil, las nuevas cosas en general, se hacen rápidamente habituales y, al perder su novedad, dan la sensación de haber estado allí desde siempre, de ser parte normal de la vida. Pero en realidad, cada cosa que poseemos nos posee a su vez. Cada objeto que incorporamos a nuestra propiedad, agrega una preocupación adicional por su posible destrucción, y exige dedicarles energía y atención. Como la energía de que disponemos no es ilimitada para cuidar y apreciar los bienes que adquirimos, entonces fácilmente se puede llegar al derroche y el despilfarro inútil.

Existen personas que no gozan de gran bienestar externo y, no obstante, logran una vida plena. Pero también hay casos de personas a quienes la falta de comodidades las vuelve resentidas y les produce gran amargura, en tanto que a otros las comodidades a que se han acostumbrado, les producen tedio. Lo que parece estar claro es que la felicidad depende de algo interior al hombre, de su visión amable de la realidad y de la aceptación de sí mismo y de sus circunstancias. Mientras más sentido se le encuentre a la vida que lleva cada uno, a su familia y a su trabajo, esa vida tiene más calidad y nos lleva más cerca de la felicidad.

El poseer cosas materiales no pasa de ser un espejismo. Basta ver las caras tensas de tantos que viven para poseer cosas, sus agobios, sus enredos, sus urgencias, su desconfianza, sus reproches, su mal humor a flor de piel. Eso, definitivamente, no es la felicidad. El problema es que no existe cantidad de dinero que lo haga sentir a gusto, si no se está a gusto con uno mismo.

Lo importante es poner el dinero en nuestras vidas, en su verdadero contexto. El objetivo principal es lograr la paz y la felicidad. El afán por conseguir acumular dinero sólo tendrá sentido si contribuye a lograr estos objetivos. De otro modo, se puede convertir en nuestro peor verdugo. Existe el gran peligro de quedar atrapado en el dinero y desconectarse de la realidad, volviéndose insensible frente a las necesidades de los demás.

Resulta lógico y natural que el hombre quiera poseer dinero. El dinero ayuda a conseguir independencia y comodidades, ofrece pequeñas alegrías y satisfacciones; pero existe el gran riesgo de caer subyugado ante él, por el poder que otorga, y puede suceder que, finalmente, la persona termine siendo un esclavo del dinero, dedicado a cuidarlo y no el dinero a su servicio, perdiendo a su vez toda ética en el comportamiento social con sus semejantes.

No se trata solamente de acumular dinero, sino de lograr la armonía entre poseer dinero, para lograr un mejor desarrollo material, y el compartirlo con quienes nos rodean como enriquecimiento intelectual y espiritual.

La búsqueda de la felicidad es una constante en la vida humana. Y al parecer, mientras más la buscamos, más esquiva se nos vuelve. Puesto que el buscarla es suponer que no está, vivimos poniendo el énfasis en nuestras carencias. Esta búsqueda nos lleva a vivir en la ansiedad y en el deseo de poseer, y cuando aquello llega, vivimos en el miedo de perderlo... y seguimos insatisfechos.

Es muy posible que la felicidad sea una sensación unida a cosas muy simples como una vida libre de obligaciones que nos disgusten, un trabajo espiritualmente enriquecedor, una familia unida, un fácil acceso a la satisfacción de las necesidades básicas, la capacidad de disfrutar un paisaje, estar libre de envidia, de codicia, de ambición por tener más de lo necesario, y, por sobre todo, no percibir la vida como una lucha.

La prosperidad es mucho más que ganar dinero. La prosperidad no es tan sólo la riqueza económica, ya que la acumulación de dinero por sí sola no resuelve el problema de fondo. Hay que gozar de buena salud para disfrutarla y para lograr que continúe produciendo más riqueza. Es la prosperidad la que trae consigo el dinero. Es común encontrar a personas adineradas que actúan como si fueran pobres, y a personas pobres que se comportan como si fuesen ricas. Si alguien es adinerado, pero no próspero cuando se le acabe el dinero, nunca más volverá a tenerlo. La prosperidad es un estado interior.

El acumular dinero también puede ser una experiencia de crecimiento interior, ya que puede permitir entender las sutilezas de la vida y conocer aspectos escondidos de uno mismo. La meta es lograr un desarrollo armónicamente centrado en el "ser", y no solamente en el "tener". El tener debe estar al servicio del ser.

El deseo de ser rico, entendiéndose como el deseo de tener una vida más abundante y plena, es perfectamente normal, y no tiene nada de condenable. Es fundamental que sepamos qué es lo que deseamos en la vida, para poder fijar las metas.

Los seres humanos desarrollamos nuestra vida en tres planos: El plano físico, el plano intelectual, y el plano emocional. De los tres planos anteriores se genera un cuarto, el plano espiritual. Ninguno de éstos es mejor o más noble que el otro, son todos importantes y deseables. Ninguno de éstos puede desarrollarse plenamente, si los otros no están en plena expresión de vida. Todos sabemos acerca de las serias consecuencias de vivir solamente para el cuerpo físico, olvidándose del desarrollo intelectual y del alma. Tampoco es más noble vivir solamente para el alma y negar la mente o el cuerpo, como tampoco es recomendable vivir solamente para el intelecto, dejando de lado el desarrollo del alma y el cuerpo.

Es necesario llegar al balance perfecto de estos tres aspectos de la vida para lograr una buena armonía. La vida verdadera es la expresión máxima de nuestra entrega, a través de nuestro cuerpo, mente y alma.

No se puede ser realmente feliz o estar satisfecho, a menos que nuestro cuerpo esté viviendo en pleno todas sus funciones, así como también nuestro intelecto y nuestra alma.

En el plano físico, el uso de las cosas materiales puede contribuir a lograr la plenitud de nuestros cuerpos, el desarrollo de nuestra mente y el despliegue de nuestra alma. De ahí la importancia de disponer de dinero para proveerlas.

Vivir plenamente en el cuerpo significa disponer de buena comida, ropa confortable y cálido abrigo, así como de necesario descanso y recreación. Poder beber, comer y estar alegre, cuando es oportuno, no significa vivir solamente para la gratificación de los deseos, sino permitir el desarrollo pleno de todas las funciones e impulsos del cuerpo, como parte de la expresión normal de la vida, siempre que se enmarque dentro de la ética de no dañar a los demás.

En el plano intelectual, vivir plenamente significa tener acceso a la cultura, disponer de buenos libros y de tiempo para estudiarlos, oportunidades para viajar a tierras lejanas, observar otras culturas, conocer a otras personas y, lo más importante, tener una compañía intelectual. El mundo intelectual también se desarrolla en la pareja, en los proyectos de vida para sí mismos y su descendencia. Para vivir plenamente lo intelectual se debe disponer, además, de recreaciones, y rodearse con todos los objetos de arte y belleza que uno sea auténticamente capaz de apreciar.

Para vivir plenamente el plano espiritual, es necesario tener mucho amor. Es necesario aprender a sentir el mundo exterior y a sentirse uno mismo. La mayor felicidad reside en entregarnos y en el dar a los que amamos. El amor encuentra su expresión espontánea y natural en el acto de dar. Si la persona no tiene nada que ofrecer, ni material ni espiritualmente, es difícil que pueda cumplir su papel de marido o padre, esposa o madre, o como ciudadano, hombre o mujer.

Compartir con los que nos rodean y ser capaz de contribuir, en lugar de depredar en nuestro transitar por este mundo, es lo que da sentido a la vida, mientras continuamos como especie cumpliendo el plan trazado que aún no terminamos de develar. Descubrir cuál es la finalidad en la vida, significa llegar a conocer la razón de nuestra existencia en este planeta. Si todos los seres humanos procurasen saber cuál es su misión, ciertamente la humanidad se encontraría hoy en mejores condiciones.

CAPÍTULO III.

ACERCA DE LA ARENA DONDE LIBRAREMOS LA BATALLA

Entremos a conocer un poco más acerca de la arena donde libraremos nuestra batalla.

La búsqueda incesante del hombre por optimizar los recursos del planeta produce una creación continua de riqueza en el mundo, la cual necesariamente finaliza representada en empresas que se transan en la Bolsa, en los mercados de divisas y *commodities*.

La tasa de crecimiento de la renta variable es mayor que la renta fija, pero lamentablemente, por la naturaleza misma del fenómeno bursátil, la renta variable está expuesta a oscilaciones que pueden ir a destiempo con las expectativas de rentabilidad de corto plazo de los inversionistas. Pero, finalmente toda oscilación del mercado completa su ciclo para retomar su rumbo con pendiente ascendente, la cual es ciertamente es mucho mayor que la pendiente de la renta fija.

La gran diferencia que existe entre una inversión en Renta Fija y una en Renta Variable, aparte del concepto de riesgo, es que el capital en renta fija crece desde el primer día en forma constante, pero a una tasa muy baja. Lo anterior puede ser considerado como una gran ventaja cuando se trata de conseguir la protección del capital, pero puede terminar siendo una decepción, ya que las tasas de interés hoy en día están a niveles casi ínfimos.

A diferencia de la Renta Fija, una inversión en Renta Variable de Corto Plazo, realizada profesionalmente generalmente primero se contrae al entrar en un proceso de maduración de las posiciones, y luego entrega su generosa recompensa, muy por encima de la Renta Fija, si es que se realiza adecuadamente y con control del riesgo.

Desde que existe la bolsa, los movimientos de los precios asombran. Algunos de los mecanismos del comportamiento humano que crean los movimientos de los precios son racionales e inteligentes, pero otros son ridículos y absurdos. Pero, tal como lo vemos a menudo, aparecen en cualquier momento y han existido desde los orígenes de la misma bolsa, ya que no son más que el reflejo de su propia naturaleza. Lo que se registra en las fluctuaciones de los precios no son los acontecimientos en sí mismos, sino las reacciones humanas ante estos eventos, o la forma en que millones de mentes piensan individualmente que estos sucesos pueden afectar el futuro.

Muchos han tratado de explicar los orígenes de estas fluctuaciones y la mayoría de los teóricos han respaldado lo que parece ser la explicación más lógica: a largo plazo los precios reflejan el valor real de los activos que representan, solo revelando en el corto plazo las fuerzas aleatorias de la oferta y la demanda.

La gran mayoría de los inversionistas sigue el tipo de análisis fundamental en un horizonte de tiempo amplio, el cual se basa en los análisis de los balances, utilidades, relación precio/utilidad, valor libro, informaciones o noticias acerca de la toma de control de una empresa, fusiones, divisiones, nuevas tecnologías y productos. Pero, además, está influenciado por el dato del amigo o del corredor, dato incomprobable, pero que constituye la gran tentación de tomarlo como cierto.

El análisis fundamental trata de evaluar el auténtico valor de una acción basado en el rendimiento futuro que se espera de ella. Hace supuestos mucho más heroicos que el análisis técnico. Este tipo de análisis debiera poder estimar cuanto costará una acción y como debiera desarrollarse su precio hacia delante. Pero el futuro es difícil de predecir porque hoy en día los pronósticos y valorizaciones son realizadas cada vez más seguido, mensualmente, semanalmente incluso diariamente. Los estudios pierden vigencia con rapidez porque la información cambia continuamente, lo que obliga a revisar los supuestos de los análisis y a recalcular las predicciones.

El Análisis Técnico, por su parte, utiliza como única fuente de información la evolución de los precios y los volúmenes transados. Otro factor que es considerado casi como un axioma en este tipo de análisis, es que el mercado internaliza en forma casi instantánea las informaciones relacionadas con cada mercado, reflejándolas en el precio casi inmediatamente, mucho antes que sean de dominio público. Muchas veces se podrá observar que, cuando se publican las noticias, ya es tarde para aprovecharlas. Esto se debe al hecho de que estaban ya reflejadas en el precio.

La paternidad de este tipo de análisis se le atribuye a Mr. Charles Dow, quien inició estos estudios estadísticos en 1903 y demostró el comportamiento cíclico de los precios de las acciones, basándose en el concepto del equilibrio perfecto de la oferta y la demanda. El axioma principal en que se basa esta teoría es que el mercado incorpora en el precio toda la información relativa a la acción de la empresa analizada, y establece tendencias al alza o a la baja, perfectamente definidas. La contribución de Charles Dow al análisis técnico moderno es innegable. Su enfoque aportó un método totalmente nuevo en la historia del análisis de los mercados bursátiles.

Después de tantos años en el tema, la mejor definición que he encontrado para esta disciplina es la siguiente:

"El Análisis Técnico es el arte de identificar los cambios de tendencias de los precios en su comienzo, y luego mantener una posición en el mercado hasta que el peso de las evidencias indique que dicha tendencia se ha revertido."

En términos prácticos, este análisis es el arte de rastrear en el mercado el movimiento causado por otros, siguiendo las huellas dejadas a su paso, mediante el seguimiento de la evolución del precio de las acciones y sus volúmenes transados. Es la única forma real en que el mercado expresa lo que está haciendo o intenta hacer. El análisis técnico le toma la delantera a otro tipo de estudios tales como financieros, macroeconómicos, políticos, etc., en términos de que es el más puro reflejo de la inteligencia del mercado, en sí mismo.

Los que causan los verdaderos movimientos del mercado son los profesionales fundamentalistas, y quienes siguen esos movimientos que ellos no han causado, son los tecnicistas. Por último, dentro de las mismas corrientes de fundamentalistas y tecnicistas, es común encontrar diferentes interpretaciones y conclusiones a partir del análisis de la misma información. ¡Esa es la verdadera gracia del juego!

La verdadera información fundamental que causa movimientos de mercado tiene su origen en la fuente interna de las empresas. Luego, los profesionales descubren la noticia y las grandes instituciones toman importantes posiciones en sus carteras. Finalmente, la información llega a los inversionistas comunes, quienes empiezan a comprar atraídos por el bullicio de la fiesta, lo que impulsa el precio aún más arriba. Los tecnicistas plantean que, aunque ellos no tengan acceso a esta información privilegiada, mediante la observación cuidadosa del comportamiento del precio se puede detectar el perfume del dinero, y sin saber detalles mayores de los acontecimientos en particular, pueden tomar posiciones de compra todavía ventajosas.

La diferencia de apreciación de la realidad de ambas corrientes hace que este juego sea posible y eterno, ya que jamás existirá un consenso en el análisis del mercado.

Otro hecho importante que colabora a la existencia de dos bandos de jugadores, unos comprando y otros vendiendo, radica en que los inversionistas pueden, sólo en principio, definir si serán jugadores de largo plazo o de corto plazo, pero en la práctica, la mayoría cambiará su parecer en función del comportamiento del mercado y sus emociones, o en función de los imprevistos de urgencia económica que le ocurran. Esto hace que en todo momento sea posible concretar las transacciones de compra o de venta, independiente de la posición del precio en el ciclo.

No obstante todo lo anterior, el mercado será el árbitro final, tanto para fundamentalistas como tecnicistas, e independiente de cómo percibamos las noticias o interpretemos como *bullish* o *bearish* las situaciones, el mercado se comportará exactamente como él quiera hacerlo, y no como nosotros desearíamos que fuese.

Los matemáticos se divierten, ya que la auténtica naturaleza de los sistemas dinámicos, tal como lo es una economía, es muy compleja y extremadamente imprevisible. En opinión de ellos, los economistas no han hecho más que omitir la auténtica esencia de su tarea de predicción, ya que no han considerado la naturaleza de las matemáticas no lineales, donde por lo general sólo se puede pronosticar el comportamiento de tales sistemas en un plazo muy corto. Las explicaciones de esto se encuentran en un complejo de fenómenos peculiares descritos como caos determinista. Lo que significa que en la mayoría de los casos, no es posible realizar una predicción objetiva y cuantitativa del largo plazo, por ser sistemas intrínsecamente inestables.

La elaboración de un modelo adecuado para predecir el auténtico valor de un activo es muy complejo de construir por su escenario de condiciones cambiantes, y por sobre todo porque el comportamiento de los modelos de simulación económica se tornan tanto más caóticos cuanto más tratan de describir la dinámica real con todas sus variables. Es decir, mientras más depurado y refinado sea el modelo, más claramente se evidencia que tal tipo

de modelo en modo alguno podrá predecir jamás la evolución del precio a largo plazo.

El mercado tiene un fantástico almacén de conocimiento que se ve constantemente actualizado en los precios. Charles Dow estableció una serie de reglas del mercado, pero parece evidente que cuando el mercado explota presa del pánico, algunos otros fenómenos deben estar actuando. Lo que ocurre es que el mercado puede estar extraordinariamente bien informado, pero no siempre basa su comportamiento en este conocimiento solamente. Hay un segundo elemento, lo irracional, y algunas veces, cuando irrumpen los aficionados, este elemento dominará por completo, mientras que en otras ocasiones su actuación puede carecer de importancia.

El *trading* en los mercados es un fenómeno social en el cual participan fuertemente las emociones al momento del remate de los instrumentos transados. Los sociólogos han realizado intentos ingeniosos de reproducir las condiciones del comportamiento de una multitud en un laboratorio, con fines de investigación, pero difícilmente ha podido ser logrado. A pesar de ello, el mercado es quizás el mejor laboratorio que se pueda encontrar en forma natural, para observar el comportamiento colectivo humano.

Los sociólogos Milgram y Toch definen el comportamiento colectivo como aquel que se origina espontáneamente, es relativamente poco organizado, bastante impredecible, sin plan en su curso de desarrollo y depende de la estimulación mutua de los participantes. Una de las formulaciones teóricas acerca del comportamiento colectivo es la *Teoría de la Convergencia*, la cual se centra en las características culturales y de personalidad de los miembros de una colectividad, señalando cómo estas similitudes alientan una respuesta colectiva a una situación dada. Esta teoría considera el comportamiento colectivo como algo más que un impulso insensato, y admite que el comportamiento colectivo puede ser racional y dirigido hacia una meta.

Por otra parte, la *Teoría del Contagio*, acerca del comportamiento colectivo, define el contagio como "una diseminación relativamente rápida, involuntaria y no racional de un estado de ánimo, impulso o forma de conducta..." Esta teoría hace hincapié en forma exagerada en los aspectos no racionales del comportamiento colectivo. En esto se basa lo que se conoce como *"efecto manada"*.

La forma de reaccionar de los individuos ha sido siempre predecible frente a la ambición y al miedo a la bancarrota. El mercado asume que la masa seguirá comportándose de la misma forma, como lo ha hecho siempre, de acuerdo a su naturaleza intrínseca.

De acuerdo a todo lo anteriormente planteado, podemos apreciar que el intentar predecir el comportamiento de los mercados en el largo plazo no pasa de ser más que una vana ilusión. Mirado así, lo que obtiene mejores resultados es el seguimiento de los mercados... más que pretender predecirlos! La clave es fluir con el mercado, fluir, siempre fluir. Hacia donde vaya, lo seguiremos... no importa si ese movimiento es lógico o no. Así y todo, esas tendencias son difíciles de capturar, ya que aparecen en ventanas de tiempo de duración impredecible.

Debido a que no existe forma de predecir el futuro, el Análisis Técnico tiene la ventaja de ponernos en la senda de las probabilidades de ocurrencia de los sucesos. No se trata de una operación matemática exacta que tenga resultados asegurados, pero sí más probables. Complementado con una estrategia bien diseñada y con procedimientos establecidos de antemano para controlar el riesgo de pérdidas en caso de movimientos imprevistos del mercado, es un enfoque imbatible para lograr el éxito en los mercados.

Para triunfar en los mercados, un principio rector debiera ser el de capturar las tendencias efímeras que muestra el mercado para estar en lo posible con el capital líquido, a salvo de los cambios de dirección provocados por las grandes crisis. Esto que es tan fácil de decir, sólo puede lograrse después de acumular mucha experiencia en los mercados, porque la Bolsa no es un juego, pero sí es más un arte que una ciencia!

CAPÍTULO IV

LAS REGLAS BÁSICAS DEL MERCADO

D e todo lo dicho anteriormente podríamos concluir estas cinco aseveraciones:

1. El mercado es sabio

La suma de lo que pueden saber todos los actores del juego bursátil, reales o potenciales, con sus equilibrios de oferta y demanda hace que el mercado sea perfecto en cuanto a su comportamiento.

2. El mercado es irracional

Puede reaccionar rápidamente frente a determinados hechos, o puede ser caprichoso con tendencias de duración variable. Nunca se podrá determinar a ciencia cierta cuanto durarán dichas tendencias.

3. El mercado es impredecible

El futuro no puede predecirse. Una gráfica de los precios del mercado puede ser capaz de realizar todas las piruetas imaginables y no puede garantizarse nada de antemano. No existen soportes ni resistencias que no puedan ser vulneradas.

4. El entorno es caótico

Los análisis macroeconómicos o las noticias normalmente son demasiado inexactas y tardías como para que puedan ser utilizadas como información de valor para el inversionista. Especialmente teniendo en cuenta que las interrelaciones económicas se ven influidas por detalles, a veces pequeños pero cruciales, que pueden cambiarlo todo.

5. Las gráficas son profecías autocumplidas

Las gráficas entrañan el cumplimiento de lo que insinúan, ya que si muchas personas usaran los mismos sistemas de gráficos podrían beneficiarse en sus transacciones, independiente de que sean o no coherentes con la lógica de lo que el mercado debiera hacer frente a los acontecimientos.

CAPÍTULO V

TRANSANDO UN INSTRUMENTO IDEAL: CONTRATOS POR DIFERENCIA

5.1. Introducción

Todo *trader* habrá soñado alguna vez transar en una misma plataforma donde pudiese acceder a los principales instrumentos de renta variable que existen en el mundo. Es decir una sola Bolsa mundial interconectada, que transe en forma continua, liderada por el país rector en cada rango horario.

Esto que parecía una utopía en la década de los años 80, gracias a la ingeniería financiera en los últimos 20 años, hoy es una completa realidad. Hoy existe en el mercado un instrumento de inversión muy flexible, seguro y a la medida del cliente, denominado **CONTRACT FOR DIFFERENCE** o **CFDs**.

5.2. Su creador

La creación de los CFDs es atribuida al ciudadano inglés **Brian Keelan**, ejecutivo del **UBS Warburg** quien, basándose en su experiencia en la operatoria de los mercados de *warrants* y divisas FOREX, desarrolló los CFDs como un nuevo instrumento de transacción bursátil.

Keelan, educado en la abadía benedictina de Douai Berkshire y en el University College de Oxford fue una de las personas más innovadoras, geniales y polémicas de las últimas décadas, quien rompió muchas de las convenciones del sistema financiero de Londres. Falleció prematuramente en Agosto de 2005 a la edad de 50 años al sufrir una hemorragia cerebral cuando estaba de vacaciones, truncando así su meteórica carrera hacia la cima en la famosa compañía financiera China Jardine Matheson, que atiende Asia desde 1832, a la cual se había incorporado en 2001.

5.3. Evolución

Los CFDs se desarrollaron originalmente a principio de los años 90 en Londres. Fueron impulsados en su fase inicial por los operadores de *Hegde Funds* a la búsqueda de mayores apalancamientos financieros para sus operaciones. Inicialmente los CFDs fueron usados por inversionistas institucionales para proteger de manera efectiva y a bajo costo su exposición de riesgo en la Bolsa de Londres. Afortunadamente con el desarrollo de la Banca y la Internet, a finales de los 90, ya estaba disponible para inversionistas más pequeños este nuevo instrumento denominado CFD. Fueron popularizados por varias empresas británicas con ofertas de innovadoras plataformas de *trading online* que simplificaban el seguimiento de los precios de los CFDs en tiempo real.

Este producto se ha comenzado a ofrecer en los 5 últimos años al pequeño inversionista, y se han hecho muy populares existiendo hoy en día un mercado profundo de liquidez inmensa. Aunque en el Reino Unido, donde los CFD para clientes particulares ya llevan funcionando unos cuantos años, en Latino América sólo se comenzaron a promover recién en el año 2007.

El mercado de los CFDs es vigoroso y reúne al más diverso grupo de inversionistas del planeta. A diferencia de otros mercados financieros, no cuenta con una localización física o una bolsa centralizada de operaciones. Por esto es considerado un mercado *"over the counter"* donde compradores y vendedores, incluidos *brokers*, corporaciones e inversionistas se encuentran a través de una red electrónica que rodea el planeta, para realizar sus transacciones.

La ausencia de un lugar de intercambio físico permite al mercado de CFDs operar las 24 horas del día, abarcando diferentes zonas horarias a través de los centros financieros más importantes. La diversidad de los canales de comunicación y el enorme volumen de los participantes hacen imposible manipular la dirección de estos mercados, especialmente por parte de las grandes instituciones financieras del mundo.

El dinero nunca duerme. La actividad bursátil de cada día de los mercados comienza con el amanecer del continente Australiano en la ciudad de Sidney, y luego se van lentamente incorporando, a lo largo del día, los otros centros financieros tales como Tokyo, Londres, y finalmente New York.

Como en cualquier otro mercado, los inversionistas van reaccionando y reflejando en sus transacciones todos los eventos económicos, sociales y políticos que van ocurriendo en los diferentes países durante el día y la noche, en un mundo donde sus mercados están finalmente globalizados e interconectados al instante!

Desde el Reino Unido, los CFDs dieron el salto a Australia y desde allí se extendieron rápidamente hacia el resto de mercados europeos, asiáticos y americanos.

Hay que reseñar, sin embargo, que la negociación con CFDs en otras especies que no sean divisas (FOREX) no está permitida para los ciudadanos residentes en los Estados Unidos de América, debido al recrudecimiento de las restricciones establecidas por la SEC, Securities and Exchange Comisión, sobre todo a partir de la crisis hipotecaria de 2008 debido a las nuevas reformas del sistema financiero. Bajo el argumento que estos instrumentos CFDs son derivados riesgosos para los inversionistas debido al apalancamiento que ofrecen, mediante su prohibición están protegiendo el gran negocio de los Futuros y Opciones del Chicago Board Options Exchange. Cosa absurda ya que las opciones son mucho más riesgosas que los CFDs. Para los *brokers* de origen USA se modificó el reglamento y se prohibió mantener tener posiciones largas y cortas simultáneamente sobre un mismo instrumento, ya que al abrir una posición corta, automáticamente se produce la venta del mismo número de unidades del instrumento inicialmente comprado. Es decir, en USA no se permite armar un *hedge* de cobertura sobre un mismo instrumento.

El mundo de los CFDs es un mercado global, sin lugar físico, que claramente está destronando a WallStreet como centro financiero.

Los CFD le están ganando terreno al estilo convencional de invertir en acciones debido a su flexibilidad para operar y su fácil acceso a mercados tradicionalmente no disponibles para el inversionista de capital moderado. Tal ha sido el éxito que han tenido estos instrumentos que la contratación de CFD en la Bolsa de Londres ha crecido en los últimos años a una tasa de 60% anual. Hoy en día, más de un 35% del movimiento total actual de esa Bolsa tiene su origen en contratos de CFD, siendo el pequeño inversionista el protagonista de más de un 20% de los CFD transados.

Los emisores de CDFs deben ser regulados para impedir prácticas arbitrarias por parte de los *brokers* y darle garantía de seriedad a los inversionistas. Por la Nacional Futures Association NFA en USA, por la FSA Financial Service Authority en Londres, por la Comisión Internacional de Servicios Financieros IFSC en Belice, el el Swiss Federal Department of Finance en Suiza, etc.

5.4. Definición y naturaleza de los CFDs

Los CFDs son contratos financieros que ofrecen un alto grado de apalancamiento y que replican el rendimiento de cualquier activo transado: Acciones, Índices Bursátiles, Divisas o *Commodities*.

Se denomina apalancamiento al financiamiento de compras de activos sin la necesidad de contar con el total del dinero para la operación, el cual es proporcionado como crédito por parte del *broker* a cambio de un % de interés pactado.

El apalancamiento tiene un interesante efecto en la rentabilidad, ya que la porción de capital tomada en una posición, es amplificada en más de cien veces de modo que una mínima variación del activo transado puede otorgar atractivas rentabilidades sobre el total del capital, y permitiendo perfectamente establecer un control de pérdidas en las transacciones, mediante la aplicación de holgados niveles de STOP LOSS.

Es decir, operando con Contratos por Diferencia (CFDs) podemos hacer una misma inversión pero con mucho menos capital del que necesitaríamos para hacerla en forma tradicional en la Bolsa, con la obvia consecuencia que una pequeña variación en el precio producirá un gran impacto de rentabilidad en la porción de capital propio utilizado.

En el caso que la posición tomara tendencia contraria, las pérdidas en los CFDs estarán limitadas al monto del capital propio que existe en la cuenta del cliente. Los sistemas permiten poner STOP LOSS en forma absolutamente segura. En el caso que el cliente no detenga la pérdida cuando el activo transado esté bajando de valor, los sistemas computacionales aplicarán automáticamente el cierre de la posición cuando se consuma el capital disponible. Este recurso permite que el cliente pueda tener una pérdida acotada y una ganancia ilimitada, puesto que si el activo sube de precio, él gana todo lo correspondiente, pero no podrá jamás perder más allá del monto de su capital.

Los precios de los CFDs evolucionan emulando el comportamiento de los precios de los activos subyacentes, observados en los diferentes mercados del mundo donde se transan el activo físico real. Los más de 4.000 productos ofrecidos en CFDs, representativos de instrumentos de 21 países distintos, son arbitrados en el mercado de derivados y el mercado físico de cada país. Por lo tanto sus precios tienen una perfecta correlación con el activo subyacente físico.

Los CFDs pertenecen a la familia de los instrumentos derivados porque es un producto financiero cuyo valor se basa en el precio de otro activo, de ahí toma su nombre. El activo del que depende toma el nombre de activo subyacente, por ejemplo, el valor de un CFD sobre oro se basa en el precio del oro. La liquidación de los mismos se realiza por la diferencia entre el precio de inicial y final del período de la transacción, sin necesidad de proceder a la entrega física del activo subyacente tomado como referencia para el CFD.

5.5. Aprovecha las tendencias al alza o a la baja

Para el inversionista a la antigua la única posibilidad de rentabilizar sus inversiones era aprovechando tendencias al alza mediante compras de acciones a la espera de que su precio subiera. En el argot bursátil, esta operación se denomina **posición larga (LONG)**.

Sin embargo, al igual como ocurre con los futuros, con los Contratos por Diferencias (CFDs) también podemos esperar que nuestra inversión sea rentable cuando la bolsa baja. Es decir, los CFDs nos permite invertir aprovechando una tendencia a la baja solicitando en préstamo al *broker* un activo que se estima está a un alto precio para venderlo inmediatamente a precio de mercado. Cuando el precio haya bajado lo recompraremos para devolvérselo al *broker*, quien nos cobrará un cierto interés pactado por el período que duró la operación. En el argot bursátil, esta operación se denomina **posición corta (SHORT)**.

5.6. ¿Cómo es la operatoria?

Las dos partes, emisor e inversionista, acuerdan intercambiar la diferencia entre el precio de compra y el precio de venta del activo negociado. En otras palabras, el contrato por diferencia (CFDs) no es más que un contrato entre el inversionista y una entidad financiera, normalmente un *broker*, mediante el cual este último compra los títulos en Bolsa y financia la adquisición del activo, de modo que el inversionista, si lo desea, tan sólo tiene que aportar una pequeña parte de la inversión total, como garantía. Al tomar una posición sólo se utiliza esa pequeña proporción de su capital propio, ya que el resto será prestado por el *broker* mediante apalancamiento, lo que le permite una gestión más eficiente de su capital.

El contrato por diferencia (CFD) se liquida en el momento en el que el inversionista lo estime conveniente. En ese momento, obtendrá como beneficio o pérdida la diferencia entre el precio de compra y el de venta, igual que si hubiese comprado directamente las acciones u otro activo.

Veamos la operatoria conceptual de su funcionamiento:

CASO LONG:

Un inversionista estima que el precio de un subyacente real asociado al CFD como, por ejemplo, acciones de Microsoft, podría subir en los próximos minutos, horas o días. Entonces abre un contrato de compra sobre el CFD de MSFT en **posición larga (LONG)**. Transcurrido el tiempo decide que ya es momento de cerrar el contrato, entonces vende el CFD de MSFT que previamente había comprado. El dinero ganado o perdido será la diferencia entre estos dos puntos. Si MSFT ha subido de precio entonces habrá ganado, ya que el inversionista comenzó la operación comprando.

Al comprar Contratos por Diferencias (CFDs), se produce una operación real en el Mercado Bursátil. Por lo tanto el *broker* emisor del CFD está pagando a la Bolsa el valor total equivalente a la compra de acciones, y en el mismo momento en el que se lleva a cabo la operación, emite un contrato CFD a favor del inversionista. A partir de ese momento se comienza a reflejar segundo a segundo las diferencias a favor o en contra en su cuenta de *trading*. Si el inversionista mantiene su posición abierta al cierre de la sesión, como la liquidación de intereses es diaria, se le cargará en su cuenta una comisión por financiamiento de capital equivalente al tipo Libor anual más un interés que normalmente fluctúa entre 2 y 3% anual, llevado a valor diario, sobre el valor total de la posición abierta, al final de la sesión. Es decir, en las posiciones LONG el emisor carga diariamente al inversionista el costo financiero de la operación, y se denomina **Roll Over nocturno**.

CASO SHORT:
Si hubiera comenzado vendiendo un CFD, recibe el nombre de **posición corta (SHORT)**. Para este tipo de operaciones, el *broker* dispone de una cartera de títulos

propios para cubrir los títulos de esa venta. Como el *broker* emisor está vendiendo títulos de su propia cartera, está recibiendo el valor íntegro de la venta. Por ello, al realizar la operación bursátil de venta emite un contrato CFD a favor del inversionista y con ello está convirtiendo el movimiento de las acciones vendidas en liquidaciones por diferencias en la cuenta de *trading*.

Si el inversionista mantiene abierta la posición al cierre diario de la sesión, el *broker* emisor ingresará en la cuenta del inversionista, por concepto de intereses, la cantidad equivalente a tasa Libor anual más un 2 a 3 % de interés anual, llevado a interés diario, sobre el valor total de la posición vendida abierta al fin de cada sesión.

O sea, dicha inversión estará devengándole al inversionista una pequeña ganancia adicional, al margen del posible beneficio o pérdida que pueda obtener con su inversión. Es decir, en las posiciones cortas el *broker* abona al inversor el costo financiero de la operación.

5.7. Comparación con otros instrumentos

Aunque los CFDs comparten algunas de las características de otros productos financieros tales como futuros y opciones, no tienen la misma naturaleza que aquellos.

Con los futuros y las opciones tienen en común su alto grado de apalancamiento, la posibilidad de apertura de posiciones cortas y la liquidación diaria de las operaciones. Sin embargo, los CFDs son productos mucho más líquidos y no tienen vencimiento. Además, sus atractivas condiciones de apalancamiento hacen que le favorezca su costo financiero frente a la inversión en acciones con crédito.

5.8. Ventajas

a) No tiene restricciones para operar *intraday*:

Para realizar operaciones intradía no existe ningún tipo de restricciones, como es el caso de Bolsa USA, cuya SEC fija un capital propio mínimo de U$ 25.000 para realizar este tipo de operaciones, con un apalancamiento máximo de 4 veces el capital.

b) Horario continuo:

Los CFDs se pueden operar en horario continuo 24 horas al día desde cada domingo a las 17 horas al abrir Sidney, hasta el viernes a las 17 horas al cerrar New York.

Horario GMT

8	9	10	11	12	13	14	15	16	17	18	19	20	21	22	23	24	1	2	3	4	5	6	7
			LONDRES																				
						NEW YORK																	
													SIDNEY										
														TOKYO									

c) Alta liquidez:

Se denomina liquidez a la capacidad del mercado de asimilar órdenes de compra o venta de grandes volúmenes sin incurrir en cambios drásticos en los precios de los valores. Decimos, por tanto, que tiene una alta liquidez el título de una empresa que mantenga un alto volumen de transacciones por jornada, en relación con su número total de acciones. La liquidez es un parámetro fundamental a la hora de llevar a cabo una inversión en bolsa.

Un CFD tiene la misma liquidez que su subyacente en bolsa. Por ello, invirtiendo mediante Contratos por Diferencias (CFDs) en especies de gran liquidez, como, por ejemplo, índices DOW JONES, S&P 500, DAX, CAC o acciones como Microsoft, Google, Yahoo, etc., o *commodities* como ORO, PETRÓLEO, DIVISAS en mercados internacionales, tendremos siempre la liquidez asegurada.

d) No tienen vencimiento

Si bien esto dependerá de la modalidad de cada *broker*, a diferencia de los futuros sobre *commodities*, los CFDs tienen un comportamiento continuo. Cada vez que vence un contrato es automáticamente renovado. La diferencia del precio producida en la renovación del contrato es reflejada en el *Rollover*. Por lo tanto, el precio de un CFD no se ve influido por el cálculo al vencimiento del contrato como en el caso de los futuros, por lo que el precio es el mismo que el activo subyacente. El *Rollover* es cargado al balance de la cuenta 1 vez al mes, en una fecha determinada dependiendo de la especie transada.

5.9. Los CFDs y los derechos en Juntas de Accionistas

Cuando la empresa negociada en bolsa reparte dividendos a sus accionistas, el inversionista de Contratos por Diferencias (CFDs) mantiene todos los derechos económicos de la acción. Por ello, recibirá íntegros los dividendos, pero como no tiene físicamente los títulos en propiedad, no podrá hacer uso de los derechos que emanan de la acción, tales como el derecho a comparecer y votar en las juntas de accionistas de las sociedades en las que ha invertido.

CAPÍTULO VI.

ACERCA DEL
APALANCAMIENTO FINANCIERO

El apalancamiento es la utilización de endeudamiento para financiar una posición, el cual es otorgado por el mismo *broker*. El apalancamiento es de temer tanto como un "mono con una navaja", pero bien utilizado es la clave para catapultar las ganancias a niveles exorbitantes. La cuenta de *trading* con crédito, ofrecida por el *broker* se denomina Cuenta de Margen. El *broker* actúa como intermediario legalmente autorizado del mercado de valores, realizando operaciones de compra y venta de instrumentos a nombre propio pero por cuenta del cliente, por montos superiores a los recursos aportados por éste.

Antes de utilizar la cuenta de margen que ofrece el *broker* para apalancarse, debe entenderse plenamente los peligros que encierra y no debe ser utilizada sin conocer sus riesgos. Solo inversionistas experimentados debieran pedir prestado dinero al *broker* para transar utilizando la cuenta de margen. El principiante probablemente no tenga la experiencia necesaria ni el conocimiento requerido para usar esta herramienta con un adecuado grado de seguridad. Cuando la posición toma una tendencia contraria a la esperada, sólo los *traders* experimentados tendrán los conocimientos para protegerse ante estas situaciones de peligro.

En general la literatura describe ejemplos de como se gana cuando las cosas salen bien. Pero pocas veces muestran la otra cara de la moneda, en que el *broker* le debe cerrar sus posiciones vigentes por falta de garantía para pagar la deuda, haciéndolo perder casi todo el capital.

Para evitar esto, deberá atender el *Margin Call* del *broker* para aportar más capital para mantener la garantía del préstamo, si es que alcanza a hacerlo.

Generalmente el *broker* ofrece un apalancamiento de 100 veces. El apalancamiento tiene el mismo efecto "palanca" que se utiliza en Física. Por ejemplo, con un pequeño capital de U$ 1.000, multiplicado por 100 veces por medio del crédito del *broker* podríamos levantar un capital para invertir de U$ 100.000 dólares.

Sin embargo cuando se está muy apalancado, basta que el instrumento transado varíe solo una mínima fracción para que pierda todo su capital.

Si bien este es un ejemplo extremo, puede ser perfectamente razonable tomar apalancamientos del orden de 10 veces y aun mantener el control del riesgo colocando un % de pérdida manejable para las posiciones armadas, de acuerdo a su volatilidad.

Recuerde que si la posición que está usando margen tiene una pérdida, recibirá un aviso del *broker* para que envíe más dinero para completar la garantía, bajo amena-

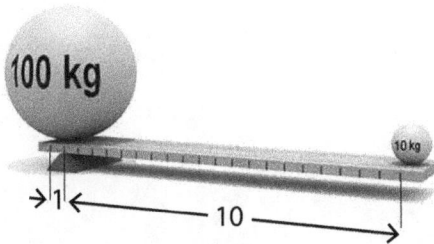

Apalancamiento: 100 x 1 = 10 x 10

za de cerrar posiciones para cubrirse. En otras palabras, usted puede perder su capital mucho más fácilmente al usar margen que al usar capital propio.

En cambio, si se tomaran posiciones con capital propio, el mercado debería caer a cero para que usted pierda el total de su capital.

No obstante, el apalancamiento bien utilizado es sencillamente fantástico. Si bien esta deuda tiene un costo financiero, si la inversión generara un ingreso mayor a los intereses a pagar, el excedente pasará a aumentar el beneficio de la inversión.

CAPÍTULO VII

ELIGIENDO UN BUEN ALIADO

L a herramienta necesaria para cristalizar ganancias "siderales" es una Plataforma de *Trading* proporcionada por algún *Broker* serio.

Decimos "serio" porque actualmente en la jungla de Internet hay *Brokers* y "*brokers*". Se debe tener mucha precaución al elegir al *Broker* que nos acompañará en esta aventura, quien deberá respetar que construyamos una gran fortuna a partir de un capital pequeño.

Hay *Brokers* de CFDs que son de fiar. Se trata de aquellos que compran y venden la acción ofrecida como subyacente del CFD colocando realmente las órdenes de los clientes en el mercado, siendo su ganancia el *spread*.

Pero hay un segundo tipo, el más numeroso, que en su mayoría ni compran ni venden realmente las acciones. Simplemente juegan contra sus clientes en un mercado virtual, donde lo que usted gana, ellos lo pierden. Basan su modelo de negocio en las estadísticas del *trading*, según las cuales el 90% de los inversionistas particulares pierde dinero. ¿Para qué ganar sólo el "*spread*" o diferencial entre puntas compradora y vendedora, si pueden ganar todo lo que los clientes pierden?

Si operara con este tipo de *brokers* y gana un poco puede pasar desapercibido, pero tan pronto comience a multiplicar el capital en su cuenta, lo menos malo que le puede ocurrir es que le inviten a buscar otro *broker*. Y lo peor que le puede pasar es que le digan que sus beneficios nunca existieron por un error en su plataforma. El "error" de fondo es que su plataforma no era más que algo virtual que no operaba en ningún mercado.

Si usted es un operador que gana sistemáticamente, también puede ocurrir que el *broker* le ponga su cuenta en "manual". Esto significa que sus órdenes no se ejecutarán automáticamente sino que serán tramitadas en la mesa de dinero del *broker*, donde existirá un operador en el *dealing desk* del *broker* como su contraparte, quien para minimizar la ganancia que le corresponde, le dará un mensaje en la plataforma comunicando que no hay mercado a ese precio y le ofrecerá ejecutar su orden a un precio menos conveniente. Esto es lo que se denomina el *"slippage"* de precios.

También podría ocurrirle que si protege su posición con un STOP LOSS, aparezca una misteriosa cola de precio que le botará la posición como el "beso de la muerte", pero ese precio nunca habrá existido realmente en el mercado. Será un precio ficticio para arrancarle esos dólares de su bolsillo.

Los foros están llenos de gente que multiplicó su cuenta en breve tiempo y poco después recibió una llamada de disculpa del *broker* explicando que por un "error" de operación producido, sus ganancias no le corresponden.

¿Cómo seleccionar a su *Broker*?

Muchas veces nos preguntamos cuáles son los factores que deberíamos tener en cuenta a la hora de elegir un buen *broker* para operar en CFDs. Hay muchos de ellos, pero cada uno tiene diferentes características, capacidades, debilidades y ventajas. Por tal motivo, aquí van algunas recomendaciones que serán de utilidad para tomar una decisión acertada.

a) ¿Se encuentra regulado?

Sin lugar a dudas, esta es la primera pregunta que debemos hacernos. El *broker* debe estar regulado por la Superintendencia de Valores de su país. Por ejemplo, en EE.UU. pueden ser la NFA (*National Futures Association*) y la CFTC (*Commodity Futures Trading Commission*), la FSA *Financial Services Authority* en Londres, en Suiza el FDF (*Swiss Federal Department of Finance*), etcétera.

Todos los *brokers* regulados deben enviar reportes financieros a las autoridades reguladoras, y cuando no lo hacen son multados, corriendo el riesgo de perder su membresía. Esto fuerza a los *brokers* a mantener reportes financieros transparentes y a actuar correctamente. El hecho que sea un *broker* regulado hará que las ganancias de su cuenta sean respetadas y no puedan ser desconocidas.

También se puede utilizar como criterio, que el *broker* como empresa financiera pertenezca al Índice bursátil de Londres, por ejemplo, al FTSE, lo que debiera constituir una garantía que la empresa no va a quebrar, ya que si no estuviese sana financieramente no lo dejarían pertenecer a ese selecto grupo.

b) **Asistencia personalizada y capacidad de respuesta.**

Seguramente, si usted tiene los conocimientos y experiencia suficientes podrá operar en CFDs directamente accediendo a la plataforma *online* sin ayuda. Sin embargo, aunque sea un experto, en ciertas ocasiones agradecerá poder contar con la ayuda de un especialista, sobre todo en momentos que necesitará cerrar telefónicamente una posición porque le falló la conexión de Internet, por ejemplo. Entonces, es importante preguntarse qué tan accesible es este servicio en el *broker* que está contratando. El contacto puede ser vía e-mail, teléfono o chat. Lo importante es que esté disponible cuando usted lo necesite. Si lo dejan en largas esperas porque las líneas están muy ocupadas, no es buena señal.

Se destaca como medio el chat en línea como mesa de ayuda para cualquier problema, por ser un medio muy barato y cómodo de utilizar.

c) **Características de la plataforma.**

En este aspecto es importante tener en cuenta qué tan fácil de usar es el software ofrecido, si es una aplicación *"downloadable"* o puede operarse *on-line* en tiempo real. Esto último podría constituir una ventaja desde el punto de vista de la movilidad, ya que le permitiría operar en cualquier momento, desde cualquier lugar sin tener que instalar programas, sobre todo cuando está de viaje.

Es recomendable solicitar al *broker* acceso a una versión demo para asegurarse de que se siente cómodo con la interfase y de que provee la funcionalidad adecuada.

Asimismo, es importante la calidad de las herramientas técnicas y gráficos en tiempo real que ofrezca para tomar las decisiones al operar.

d) *Trading* 24 horas.

Como sabemos los mercados CFDs son de horario continuo. Un buen *broker* debería ofrecer una mesa de operaciones abierta las 24 horas, con la posibilidad de operar tanto *on-line* como telefónicamente.

e) Facilidades ofrecidas para abrir una cuenta.

Se debe observar qué tan complicado es el proceso de registro, el cual debería ser relativamente rápido y sencillo. Lo típico es llenar un formulario tipo y adjuntar su pasaporte o cédula de identidad, junto con 2 cuentas de servicios a su nombre como comprobación de domicilio.

Por otra arte, el *broker* debe contemplar varios medios aceptados para efectuar el depósito inicial. Generalmente el depósito mediante tarjeta de crédito resulta lo más aceptable ya que permite efectuar depósitos y retiros incluso fuera del horario bancario. Debe requerir un monto mínimo bajo para comenzar a operar, lo que permite comenzar con poco dinero mientras se familiariza con el *trading*.

f) Apalancamiento.

Un alto grado de apalancamiento implica un incremento en el monto del capital a invertir diariamente, otorgando mayor liquidez. Esto le ofrece la posibilidad de contar con un mayor poder de compra de lo que normalmente tendría con su capital propio, ya que aumenta el retorno total de la inversión y aleja las situaciones de *Margin Call*.

g) Manejo del riesgo.

Este punto se refiere a la posibilidad tecnológica de pre-definir en el sistema las órdenes de LIMIT para la toma de ganancias y de STOP LOSS de pérdida, de manera que la operación sea automáticamente cerrada al superar dichos límites.

h) Transparencia.

Es importante contar con la posibilidad de llevar un control simple y claro de los resultados de las operaciones y comisiones pagadas, si las hay. El objetivo es evitar que aparezcan costos ocultos que luego consumirán nuestras ganancias. Por lo general las ganancias de los *brokers* pro-vienen únicamente de los *"spreads"*, y no deben superar los 5 U$ por lote en los principales instrumentos. Debe leer minuciosamente los términos y condiciones del ser-vicio para que tenga claro cuáles son los costos de opera-ción que se deben asumir, incluyendo costos de retiro y depósito, para evitar sorpresas posteriores.

i) Seguridad.

Aquí se debe tener en cuenta aspectos relacionados con la seguridad de los fondos, la información, la privacidad, la integridad y respaldo de la información. En lo referente a la información, esto se logra por medio de la utilización de *firewalls*, protocolos para el envío seguro de informa-ción (SSL) y tecnologías de encriptación, separando los servidores de la aplicación de las transacciones, y procedimientos de los sistemas de copias de seguridad y recuperación de datos.

En cuanto a la seguridad de los fondos, estos deberían ser enviados y custodiados por un banco de primera línea conocido, con buenas líneas de crédito. Preferentemente, los depósitos de los clientes deberían permanecer en una cuenta separada de la del *broker*.

j) Reputación y credibilidad.

Buscar referencias de fuentes serias o por Internet que le den credibilidad a la institución. También el tiempo y experiencia de su actuación en el mercado podrían ser un indicador que ayuden a formarnos una opinión sobre el *broker* y quienes se encuentran detrás de la entidad.

k) Instantaneidad en la ejecución.

Mediante el uso de una versión DEMO de la plataforma, se podrá comprobar si los precios tienen demora o *slippagge*.

El *broker* ideal le deberá ofrecer un sistema *No dealing desk*, el cual será de ejecución instantánea y evita manipulaciones de precios por parte del *broker*, ya que las órdenes tendrán acceso directamente a las puntas del sistema financiero sin pasar por operadores.

l) Salud financiera del *Broker*.

Es muy importante comprobar la salud financiera de la empresa que actúa como *broker*, analizando su último balance. No vaya a ser cosa que quiebre y arrastre nuestro capital en la rodada.

CAPÍTULO VIII

TIPOS DE ÓRDENES AL BROKER

El término "orden" se refiere a la manera en la que un *trader* entra o sale de su posición en el mercado. Hay muchas variaciones en cada tipo de órdenes pero para el estilo propuesto en este libro sólo nos enfocaremos en las más básicas y fáciles de utilizar, lo cual será más que suficiente.

En términos generales existen 2 tipos de órdenes:

1. Órdenes para entrar a una posición.

2. Órdenes para salir de una posición.

8.1. Órdenes para entrar a una Posición:

a) Orden a Mercado: *Market Order*

Es una orden para comprar o vender un instrumento al precio de mercado de ese momento. La ventaja principal de una orden de mercado radica en que le garantiza la entrada a su posición inmediatamente.

Por otro lado, tiene la desventaja que las órdenes de mercado por lo general son utilizadas de una forma muy impulsiva. Otra desventaja es que probablemente el inversionista no estará obteniendo el mejor precio posible, a diferencia si hubiera utilizado un tipo de orden especificando el precio al quiere entrar.

b) Orden de Entrada: *Limit Order*
La orden de entrada con LIMIT tiene la ventaja de definir un precio preciso. Sólo es llenada si el mercado alcanza cierto precio. Es decir, se indica en la plataforma de operación que se desea comprar o vender una especie, cuando el precio llegue al precio deseado. Una vez colocada la orden ya no debe estar pendiente de que sea llenada. Luego cuando se alcanza dicho precio, la plataforma lo ingresará automáticamente.

Nota importante:
Al ingresar una orden, es muy importante chequear la equivalencia de unidades por lote de la especie que hemos elegido, ya que dependerá de la plataforma del *broker*. Esto puede ser una fuente de error muy grave al tomar una posición, porque queda predeterminada en la plataforma el último número de unidades transadas, pudiendo esto llevar a cometer un sobre apalancamiento que lo puede destruir en un suspiro.

Para evitar errores, se recomienda un *tip* que lo ayudará mucho: Recite en voz alta la orden que está colocando. Por ejemplo: Compro 5 lotes de ORO, son 50 unidades. Compro 5 lotes EUROUSD, son 0,5 unidades. Compro 5 lotes de US30, son 5 unidades.

8.2. Órdenes para salir de una Posición:

a) Orden de Límite o de Toma de Ganancias: *Limit Order*

Una orden de límite permite al cliente especificar el precio al cual desea tomar sus ganancias y salir de una posición del mercado. Este tipo de orden es excelente para ayudar a los inversionistas a mantener una disciplina y asegurarse su ganancia.

La desventaja que tiene la colocación de una orden límite es que puede resultar en la toma prematura de ganancias, en los casos que el mercado sigue mucho más allá del precio cosechado.

b) Orden de *Stop* de Pérdida: *Stop Loss*

Las órdenes de *stop loss* funcionan como las órdenes de límite pero en forma contraria. Establecen la cantidad máxima de pérdida en U$/lote que un inversionista está dispuesto a absorber en una posición.

Las órdenes de *Stop Loss* son una necesidad para cada inversionista. Este tipo de orden evita que pierda todo su capital en un par de posiciones si es que está muy apalancado. Sin embargo, la principal desventaja es que si este tipo de órdenes son colocadas muy ajustadas, pueden ser sacados de las posiciones antes de tiempo o inclusive justamente cuando el mercado se disponía a retomar la tendencia esperada, erosionando sistemáticamente el capital y provocando pérdidas considerables.

c) Órdenes de Toma de Ganancias con *Trailing Stop*

Este tipo de orden es una forma de maximizar la ganancia cuando el mercado se mueve a favor, dejando correr las utilidades hasta que el mercado pierda la fuerza y se revierta.

Este tipo de orden es factible de colocar cuando la posición ya va ganando a lo menos 10 U$/lote. Antes de este nivel, el sistema no lo permite.

Veámoslo con un ejemplo:

Supongamos que hemos abierto una orden de compra en el Índice DOW JONES a 10.500 y colocamos un *Stop Loss* a una distancia de –50 U$/lote, es decir a 10.450. Si el mercado se moviese a nuestro favor más de 10 U$/lote podríamos a partir de ese nivel, por ejemplo configurar un *Trailing Stop*, el cual funcionaría de la siguiente manera: Cada vez que el precio suba, nuestro nivel de *Stop Loss* se movería hacia arriba quedando siempre a una distancia de 10 U$/lote por debajo del precio. Cuando el mercado pierda la fuerza y no suba más, a partir del precio máximo que alcanzó, se ejecutará el *Stop Loss* 10 U$/lote hacia abajo.

De esta forma, si el mercado bajase, nuestro STOP estaría más arriba que al principio donde lo habíamos fijado en 10.500 inicialmente con una pérdida de –50 U$/lote.

Con este tipo de orden perderíamos menos, o no estaríamos perdiendo lo que ya tenemos ganado.

Esta estrategia de utilizar el *trailing stop* es muy útil para asegurar nuestras ganancias en una posición cuando el mercado se ha movido a nuestro favor.

CAPÍTULO IX

EL DINERO...VIRTUAL O REAL?

Cuentan que una vez un ejecutivo en viaje de negocios llegó al hotel donde habitualmente se alojaba y entregó en recepción un billete de US$ 100 como abono a la cuenta de su alojamiento. Mientras el huésped se dirigía a su habitación, apareció el gásfiter en la recepción cobrando una reparación que hiciera días antes. El dueño del hotel se disculpó explicándole que no podía pagarle la factura total ya que debido al mal tiempo no había recibido turistas, pero sin embargo podía darle un abono de US$ 100. Acto seguido le hizo entrega del billete que recién había recibido.

El maestro gásfiter, padre de muchos hijos, fue inmediatamente al almacén del barrio y gastó los US$ 100 en mercadería para la casa. Pero a su vez, el dueño del almacén, quien por primera vez festejaba su aniversario de bodas, contento se dirigió hasta la joyería del frente donde decidió comprar un bonito anillo para su esposa que le costó exactamente US$ 100.

Por otra parte, el joyero había siempre querido diversificar su negocio ampliándolo a ventas de cuadros, por lo que finalmente se decidió a comprar un cuadro a un talentoso y prometedor pintor acosado por la penuria económica de su vida bohemia. Pero resulta que el pintor se alojaba en el mismo hotel y como su dueño era un amante del arte, ayudaba a los nuevos artistas suministrándoles cuartos y comidas durante largas temporadas en el hotel, que podían ser canceladas con cuadros o en cómodas cuotas.

Como el artista pintor deseaba amortizar la cuantiosa deuda de alojamiento, pero también a su vez necesitaba sus cuadros para una próxima exposición, se encaminó hacia el hotel y le entregó a su dueño el billete de US$ 100.

Mientras esta historia de vidas paralelas transcurría, el ejecutivo viajero decidió telefonear a un viejo amigo desde la habitación del hotel. El amigo, entusiasmado por el encuentro, le manifestó que era el colmo que no hubiese tenido la confianza de llegar directamente a su casa y que se ofendería si no abandonaba inmediatamente el hotel y se alojaba con él.

El viajero descolgó su terno del armario, bajó a la recepción y le explicó al dueño del hotel lo sucedido. Como se trataba de un cliente muy respetable, le devolvió sin demora su abono de US$ 100 y así, el ejecutivo viajero, abrió su billetera y volvió a colocarlo en el mismo lugar de donde lo había sacado apenas unas horas antes.

◇◇◇◇◇◇◇◇

Sabemos que la teoría monetaria incluye en sus ecuaciones matemáticas la velocidad de circulación del dinero como una variable importante en la determinación de su valor. Esta anécdota trata precisamente de eso, de la velocidad con que el billete regresó a su dueño original y la extrema sencillez de su mensaje: ¿el dinero es imaginario o es real?

Con la irrupción de Internet y el *trading on line* esta cualidad irreal de dinero ha llegado a límites inimaginables, ya que de la masa de dinero que circula como transacciones de cambio internacional, menos del 10% corresponde a operaciones comerciales e intercambio de productos. El resto consiste en transacciones bursátiles virtuales y transferencias electrónicas de dinero alrededor del planeta. Se calcula que actualmente las transacciones en los mercados mundiales superan ampliamente el millón de millones de dólares por día.

CAPÍTULO X

SIETE CLAVES ESENCIALES

P ara introducirnos al tema del *trading* y aterrizar más adelante en los temas específicos acerca de cómo armar una operación en la práctica y como proteger nuestro capital del riesgo, es muy importante gastar un tiempo en exponer algunos aspectos fundamentales que debieran ayudarnos para lograr el éxito final.

Para emprender la ardua tarea de escalar un pequeño capital hasta la cima de 1 Millón de Dólares es imprescindible exponer 7 claves esenciales que se deben comprender y asimilar a fondo hasta alcanzar el más profundo grado de comprensión.

CLAVE 1:
Planificar las transacciones

La primera clave es comprender que el trabajo como operador profesional o *trader* es seguir un plan de acción previamente establecido y atenerse a él.

Un Plan de *Trading* debe tener una estructura general que define el tipo de *trading* a realizar. Mediante el Sistema de *Trading* que ponga en práctica deberá saber qué configuraciones buscar en las gráficas para detectar oportunidades de inversión. Una vez decidido invertir, se debe encontrar el momento más oportuno cuando ingresar a la transacción. Una vez adentro del mercado, deberá implementar medidas cómo protegerla ante imprevistos del mercado y finalmente al evolucionar el precio en la tendencia esperada, tener definido de antemano cuando salir de ella.

Por lo tanto, el Plan de *Trading* debiera cubrir todas las eventualidades, estando conformado por 4 partes fundamentales:

- Estructura
- Señales de Entrada
- Sistema de Protección
- Criterios de Salida

Trate que sus reglas sean simples…luego siga su Plan estrictamente!!

Los detalles sobre una aplicación específica de un Plan de *trading* se tratará más adelante, con el sistema TRADING BY SURFING.

CLAVE 2:
Para ganar dinero al largo plazo se debe arriesgar lo justo!

En el estilo de corto plazo *day trading*, donde las operaciones con apalancamiento se suceden una tras otra rápidamente, unas pocas transacciones perdedoras pueden dejarlo fuera de combate, sin que se dé cuenta siquiera como el mercado lo atropelló, reventando su capital sin dejarle posibilidad alguna de recuperación!

La mayoría de los operadores novatos arriesgan demasiado esperando una ganancia rápida. Los operadores experimentados, que son los que más saben, van por ganancias menores, pero consistentes en el tiempo.

Cuanto mayor sea la cantidad de capital invertido, más combustible emocional le estará drenando…y eventualmente se quemará de muy mala manera causándole un estrés post traumático que puede llegar a ser irreparable.

Uno de los errores más graves que se puede cometer como operador es tener demasiado dinero puesto en una sola transacción. Es decir, armar una operación con demasiados lotes, lo que implicará un alto apalancamiento y en consecuencia un gran riesgo, si el mercado se viene en contra y no tiene protección colocada de antemano.

Si no arriesga mucho, no puede perder mucho. Para ganar al largo plazo se debe arriesgar lo justo!

Los buenos operadores intradía que sobreviven arriesgan solamente un monto mínimo de su capital de su cuenta de *trading* en cada operación, y pueden darse el lujo de ser más flexibles con su regla de Stop Loss. Pero si usted cuenta con poco capital, entonces deberá considerar la utilización de un sistema que tenga un firme criterio de Stop Loss, el cual como máximo en total se recomienda que sea un 5% de su capital total, considerando todas las posiciones abiertas.

Nunca arriesgue mucho capital en aquellas operaciones que se ven "seguras"…para recuperar lo perdido. Arriesgue una pequeña cantidad en cada operación. Estará más relajado y más capacitado para llevar a cabo la operación en forma correcta.

Más adelante se explicará en detalle como hacerlo.

CLAVE 3:
No pensar en términos de dinero al transar

Nos guste o no, el dinero tiene una alta connotación en nuestra sociedad. El dinero es energía humana condensada. Es un elemento muy importante en nuestras vidas y depositamos muchas emociones en él.

Como reaccionaría al ver que cientos de dólares o tal vez miles, dependiendo del tamaño de la cuenta transada, se desvanecen frente a sus ojos? El punto es que se debe entender que esas pérdidas son parte del juego y no deben afectar su psiquis, si es que ellas ocurren dentro de las reglas establecidas en su Plan de *Trading*. Se debe saber perder un poco, para ganar un poco más. No hay ninguna fórmula mágica, tal como dijimos anteriormente. Es un sistema de probabilidades de éxitos y fallas, balanceadas levemente a nuestro favor.

Si no puede cambiar su relación con el dinero, simplemente no piense en ello. Por el contrario, concéntrese en la evolución de la gráfica y coloque su atención en el avance o retroceso en U$ por cada lote de la operación en curso. Su concentración deberá llegar a ser la misma independiente del número de lotes que esté utilizando.

Concéntrese en mirar la gráfica para salir de acuerdo a lo planeado y el dinero detrás de la operación se cuidará por sí mismo.

Por ejemplo, póngase como **meta ganar cierta cantidad de U$ por cada lote, cada día.** Para ello elija unas pocas especies para transar, que le sea cómodo interpretarlas y dedíquese a conocer su comportamiento para que le sea más fácil transarlos. La meta debe lograrse en lo posible con pocas operaciones al día.

CLAVE 4:
El poder de la visualización

Cuando el precio comienza a danzar frente a sus ojos, puede llegar a hipnotizarlo. Tal vez puede comenzar a sentir que el precio se esté burlando de usted, y se niega a tomar la tendencia esperada.

Por este motivo, hay que tener mucho cuidado de evitar el "*trading* emocional". Si usted es impaciente o un maníaco a punto de explotar, seguramente tendrá una muy mala experiencia en el mercado.

Debe intentar que sus emociones no se mezclen con sus operaciones. Recuerde que la operación que tenga en curso será solamente una de muchas. El *trading* es una actividad de largo aliento.

Usted debe considerarse que ya es un operador profesional.

Al comienzo de cada día, antes de iniciar las operaciones, previo a la apertura del mercado, tómese unos minutos para usted.

Respire profundo, cierre sus ojos. Relájese lentamente hasta lograr acallar los pensamientos que atacan su mente hasta quedar flotando en la nada. Esta etapa es muy difícil de lograr, pero si lo practica cada vez le tomará menos tiempo. Luego comience a visualizar el mercado en su pantalla mental. Vea la gráfica en tiempo real y mire como el precio transita hacia arriba, hacia abajo. Imagínese que tiene la paciencia para esperar las condiciones que ha establecido para entrar al mercado. Visualícese ingresando una operación y colocando inmediatamente su STOP LOSS. Está relajado. Alerta, pero calmado. Completamente sin emociones. Observe como el precio se mueve luego que ingresa la posición. Como se acerca el precio al *Stop Loss* pero esto no lo altera. Imagínese que está frente a una operación fallida, que detona el STOP. Note que usted tiene una perspectiva amplia. Usted no se inmuta. No hay emociones, está completamente calmado. Usted entra a otra transacción. Nuevamente otra pequeña pérdida. Pero nada lo perturba, está siempre relajado. Es parte del trabajo de un operador de una cuenta de *trading* el dominar sus emociones. Cuando logra cerrar una operación exitosa, lo acepta amablemente sin algarabía. No hay emociones, está completamente calmado. Está transando en pleno control de sí mismo.

Es cuestión de práctica. Y debe hacer esto regularmente para obtener el máximo beneficio. Inténtelo cada mañana y también en cualquier momento en que comience a sentirse estresado o que pierda la concentración. La ventaja de esta técnica es que es gratis…y la retribución es excelente!

CLAVE 5:
Sea responsable del resultado

Nadie más que usted es la persona a cargo de sus operaciones. Sólo usted es responsable por su éxito o su fracaso como operador.

No es el mercado... no es el sistema, ni la estrategia que utiliza... ¡es sólo usted! Esta es una responsabilidad muy importante y podrá manejarla logrando el control de usted mismo.

Conviértase en su propio instructor. Tome nota de qué manera se comporta durante las sesiones en las cuales opera. Concentrarse en sus sentimientos le brindará información útil sobre su desempeño. Recuerde que tener un "día ganador" o un "día perdedor" no es el tema en cuestión. Todo lo que importa es de qué manera se desempeña en su trabajo de operador.

¿Es usted un *trader* profesional que no permite que los sentimientos se entremezclen en su trabajo? ¿O está comenzando a enojarse con el mercado... con los *market makers*... con las injusticias de la vida?

Las emociones negativas son señales de advertencia que indican que usted debe relajarse, tranquilizarse, controlarse. Vuelva a retomar la compostura de un profesional del *trading*.

¿Nota su mano agarrotada sobre el *mouse*, con el dedo en el gatillo siempre listo a disparar? Observe la tensión en su cuerpo y libérela. Simplemente, déjela salir. Respire profundo y encuentre una postura cómoda mientras evoluciona la transacción en curso.

Si comete un error durante sus operaciones de *trading*, no se torture. Todos cometemos errores. Aprenda de sus errores. Tome nota mental para que sea una experiencia útil. Agradézcale al mercado por las lecciones aprendidas en sus operaciones y siga adelante.

Cuando falle una transacción recuerde siempre que todo se trata de una cuestión de porcentajes. Esta es simplemente otra transacción, simplemente otro día más. Es muy importante evitar caer en una espiral negativa de emociones, la cual terminará dañando severamente el capital de su cuenta y a su propia autoestima.

Los últimos avances científicos de la física cuántica, demuestran que nuestros pensamientos y emociones son en realidad ondas energéticas, vibraciones. Cada una de estas ondas vibra en una frecuencia concreta y atrae frecuencias similares. Somos emisores de frecuencias. Atraemos hacia nuestras vidas, situaciones creadas por nuestras propias emociones, por nuestros propios pensamientos, nuestras creencias profundas... en definitiva atraemos frecuencias vibratorias semejantes a las que emitimos. La Ley de la Atracción tan difundida en estos últimos tiempos ha sido desde siempre conocida.

Si elegimos enfocarnos en pensamientos positivos que nos puedan ayudar, entonces nos daremos cuenta de que atraeremos lo mejor a nuestras vidas.

El poder de las palabras es enorme. Las palabras pronunciadas suelen cristalizarse en hechos concretos debido a esta Ley.

Si las palabras son tan poderosas, entonces sólo piense en lo que pueden causarle cuando usted se llama a sí mismo un "torpe" o algo peor cuando comete un error. Cuide su lenguaje cuando esté operando. Utilice palabras neutras en todo momento, tanto para referirse a usted mismo como para referirse al mercado.

Para tener ganancias se debe comprender que es natural tener pérdidas. Lo importante es que el balance final entre ganancias y pérdidas nos permita avanzar. Tendremos más probabilidades de tener más ganancias cuando nos demos cuenta de esto. Dejaremos de lastimar nuestro ego con batallas imaginarias de demonios o monstruos del mercado que acechan cada decisión que se toma, nublando el sentido de la razón.

CLAVE 6:
Menos es más

Muchos operadores en tiempo real siguen la regla de limitar el número de sus transacciones a 3 al día como máximo, lo que reduce el nivel de estrés en forma considerable. Tres *strikes* y fuera!

Cierre la plataforma, las gráficas y no las vuelva siquiera a mirar hasta la próxima sesión de mercado! Más aun si ha realizado operaciones exitosas en la sesión del día, con mayor razón entonces debe parar!! Si continúa operando lo más probable es que pierda lo ya ganado. Si cae en esta trampa, debe revisar su motivación para estar en esto del *trading,* ya que la única razón por la cual debe hacerlo es ganar los dólares correspondientes a la sesión... entonces si ya los logró, ¿para qué seguir transando?

Si ya ha completado la tarea de avanzar su meta de U$ por cada lote del día, agradezca esta bendición y cierre la plataforma de operación. Que no importe que el mercado le siga ofreciendo nuevas invitaciones a entrar. Su trabajo del día ya ha sido cumplido con creces!

El éxito se logra con el avance de cada día, y no con un avance mayor en un día en particular. Para el resultado final es más significativo haber avanzado cada día cumpliendo la meta, que pujar por tener un día espectacular arriesgando a convertirlo en un día funesto, más aun si después de haber estado ganando terminamos transformándolo en un día de pérdida.

Si ya logró la tarea del día, agradezca esta bendición y tómese el resto del día para descansar!

La vida está hecha para vivirla día a día. Si realizó bien su *trading* durante la sesión, logrando el avance propuesto, esto debería producirle "contentamiento", tanto si fue un avance modesto o si fue un avance mucho mayor. Por esta razón es que no tiene sentido sobretransar, porque la felicidad estará dada por haber logrado un día positivo, más que por la cuantía del avance.

Recuerde que el truco es hacer un día de avance, independiente del número de operaciones! Si respeta esto, estará más lúcido y probablemente cometerá menos errores de interpretación del mercado.

Lo anterior es válido también cuando tengamos un mal día en el que se sufre una serie de pérdidas, y cada vez que trata de recuperar la pérdida anterior... sólo consigue aumentar el tamaño de la pérdida.

Si usted lee estas líneas sin estar dentro del mercado, tal vez sienta que nunca podría caer en esta trampa. Sin embargo, es sorprendente ver cuantos operadores sucumben a esto, cuando las pérdidas comienzan a sucederse.

El lema debiera ser "**Paremos a tiempo ... mañana será un nuevo día**".

Tómelo con calma. Esta es una actividad que debiera ser para toda la vida. No cometa el error de operar 40 horas a la semana. No es necesario. Sólo unos momentos cada día basta.

Acumule sus ganancias a lo largo del tiempo, y ganará más dinero trabajando menos.

CLAVE 7:
Disfrute de la vida

¿Tiene claro porqué está en esto del *trading*?

¿Es por la diversión?... ¿por la adrenalina que provoca operar en los mercados financieros? ...o tal vez, ¿usted disfruta de su status de trader para pavonearse frente a sus amigos? Para algunos operadores, es una vía de escape. El mercado se convierte en una fantasía en la cual sumergirse cuando desean apartarse del mundo real.

Vea cuales son sus propias motivaciones al operar. Trate de descubrir si hay algún motivo oculto. Si a su vida le falta algo y el *trading* es lo que está completando ese espacio, entonces necesita prestarle atención a esto.

En realidad, hacer *trading* tiene que ver con una sola cosa: obtener una ganancia en U$. Si lo hace bien podrá ganar mucho dinero.

Si lo hace por cualquier otro motivo, probablemente está destinado al fracaso, porque operará teniendo en cuenta sus emociones en vez de pensar en forma fría y metódica, rasgo distintivo de todo buen operador. No deje que su desorden emocional condicione sus actividades de *trading*.

Tenga una vida equilibrada. No se pase todo el día operando. Si logra la meta establecida para el día, agradezca esa bendición recibida y apague el computador. La tarea para el día ya está realizada… ¿para qué seguir pegado a los mercados?

Busque otras actividades en que interesarse. Haga ejercicio físico, entrene su cuerpo o aprenda a bailar! Los ejercicios aeróbicos mejorarán el funcionamiento de su mente y le ayudarán a botar la tensión acumulada en las sesiones de *trading*. Ventílese, salga!

No caiga en el error de apartar de su vida el suave abrazo que el sol nos dispensa en los parques, manténgase consciente de la brisa fresca de cada mañana.

CAPÍTULO XI.
ESPECIES A TRANSAR

Para optar a obtener una rentabilidad aplicando Análisis Técnico a nuestro capital sólo se requiere disponer de algunas gráficas que se muevan como si fueran montañas rusas en un mercado lo más perfecto posible, en cuanto a sus equilibrios de ofertas y demandas.

De las especies disponibles para transar, los Índices bursátiles, las divisas y los *Commodities*, ofrecen gráficas muy adecuadas para nuestro fin. Estas especies se prestan mucho mejor para análisis técnico, ya que se moverán cada día activamente con el calendario de noticias fundamentales de las economías de los países, ofreciendo nutridas oportunidades de inversión, a diferencia de las gráficas de CFDs sobre acciones de empresas, que tienen un comportamiento más errático, gaps y que solamente se mueven con la sesión de WallStreet.

Se sugiere transar las siguientes especies:
- Índice bursátil USA: DOW JONES
- Índice bursátil USA: SP500

- Índice Bursátil Alemania : DAX
- Índice bursátil Francia: CAC
- Índice Busátil Japón: NIKKEI
- Par Divisa EUR/USD
- Par divisa GBP/USD
- Commodity: OIL
- Commodity: ORO

Con estas gráficas tendremos más que suficiente para detectar buenas oportunidades para invertir. No necesitaremos gastar nuestro tiempo ni mayores esfuerzos en informarnos de noticias de acciones de empresas que sólo aportarán confusión para lograr nuestro propósito.

El grupo seleccionado de especies a transar tiene movimiento 24 horas al día, desde cada domingo a las 17 hrs. que abre la Bolsa de Sydney hasta el viernes a las 17 hrs. que termina Wall Street en New York. Además, nunca estarán bajo el riesgo de quiebra como es el caso de una empresa. Este grupo de especies tienen variaciones, pero son *rallies* al alza o la baja que pueden llegar a ser perfectamente dominados por el *trader*.

CAPÍTULO XII

NOMENCLATURA Y DEFINICIONES
PARA EL *TRADING*

En este capítulo definiremos la nomenclatura que se utiliza en el *Trading* de CFDs y revisaremos su aritmética.

A diferencia del *trading* de divisas FOREX, en que las variaciones de los distintos pares de monedas se trabajan en *pips*, para los CFDs lo haremos directamente en U$, por ser más práctico para las personas que recién se introducen al *trading*.

a) Capital Propio
Se denomina así al capital propio inicial que se coloca en la cuenta de *Trading* que se abre en un *broker*. Incluye los diferentes aportes de dinero, los retiros y los ajustes.

b) Balance
Este término en inglés denomina así al monto de dinero equivalente al capital propio inicial, más las pérdidas y ganancias de las posiciones cerradas. No considera las pérdidas o ganancias de las posiciones abiertas vigentes.

c) Patrimonio o *Equity*

Se denomina así al capital líquido (*cash*) en la cuenta de *Trading*, más el capital invertido en diferentes instrumentos, valorizado a precio de mercado. Se calcula como el monto de dinero como BALANCE + el resultado de las posiciones vigentes del Portafolio, valorizadas a precio de mercado.

d) Capital Invertido

Se denomina así al monto total de la transacción, el cual puede ser con capital propio o apalancado.

Para mayor comodidad, las diferentes especies se transan en lotes. Se calcula así:

> Capital invertido = N° Lotes x Valor Unitario del Lote

Por otra parte, cada lote está formado por un n° definido de unidades, dependiendo de la especie de que se trate.

Por ejemplo, en el *Broker* utilizado en este libro, en la **Terminal METATRADER MT4**, el n° de unidades por lote y su valor referencial de mercado de diferentes especies es el siguiente:

Especie	Símbolo	unidades/Lote	U$/Lote
GOLD	XAU_USD	10	12.000
PETRÓLEO	USOIL	1	7.500
Índice USA	US30	1	10.300
Índice USA	SPX500	1	1.100
Índice USA	NAS100	1	1.900
Índice ALEMANIA	GER30	1	6.300
Índice USA	SPX500	1	1.100
Índice FRANCIA	FRA40	1	3.500
DIVISAS	EURUSD	0,1	13.000
DIVISAS	GBPUSD	0,1	15.400

Por ejemplo, si se transara 1 Lote de Oro, XAU_USD, se deben tomar 10 unidades y el capital invertido será 1 x U$ 12.000= U$ 12.000.

Pero, si se transara 1 Lote de Petróleo, USOIL, se debe tomar 1 unidad y el capital invertido será 1 x U$ 7.500= U$ 7.500

e) Margen Utilizado

Por cada lote tomado, el *broker* hace una reserva de capital propio, denominado **Margen**, el cual será un remanente de capital que nunca se pierde, aunque el *broker* deba cerrarnos las posiciones por falta de garantía o *Margin Call*.

El Margen utilizado total en U$ en la posición se calcula multiplicando el n° de Lotes tomados multiplicado por el valor de Margen unitario de la especie transada.

Margen utilizado = N° Lotes x Margen Unitario

Si bien el Margen se resta del capital *Equity* disponible para invertir, cada vez que se cierra la transacción se retorna este monto al *Equity*.

Especie	Margen U$/Lote
US30	90
SP500	120
NAS100	120
EURUSD	80
GBPUSD	80
UK100	90
FRA40	90
GER30	90
OIL	200
XAU_USD	40

Por ejemplo, dependiendo de la especie transada, el *broker* hace una reserva de capital o Margen, de acuerdo a la siguiente tabla:

Cuando se inicia con un capital pequeño es importante transar instrumentos que utilizan bajo Margen, ya que esto nos permitirá disponer de mayor capital para tener holgura frente a las variaciones del mercado, en caso de no haber colocado protección *Stop Loss*.

f) Margen Libre

Es el capital disponible para sostener las posiciones tomadas y se calcula como el monto de capital **Patrimonio o *Equity*** disponible en la cuenta deducido el **Margen** utilizado de las posiciones abiertas:

> Margen libre = EQUITY – Margen Utilizado

Cuando el mercado se vuelve en contra, el *broker* cerrará inmediatamente todas las posiciones por *Margin Call* cuando la pérdida de las posiciones abiertas consuma todo el **Margen Libre**. Al cerrar las posiciones solo quedará el **Margen** reservado para tomar las posiciones, el cual será liberado como capital remanente y será sumado al *Equity*.

g) Apalancamiento

El apalancamiento es la utilización de endeudamiento para financiar una posición, el cual es otorgado por el mismo *broker*.

El apalancamiento ofrecido por el *broker* generalmente es de 100 veces. Esto significa que el capital que se disponga para armar nuevas operaciones será amplificado en 100 veces para otorgarle un mayor capital disponible para inversión.

Es decir, por cada U$ 1.000 dólares de capital como Margen Libre se puede sostener (una o varias) posiciones hasta por un máximo de U$ 100.000 dólares de capital invertido. Por supuesto que no se debe llegar a ese extremo ya que si la tendencia no resultara como esperaba y el mercado avanzara en contra, sólo se tendrá una capacidad equivalente a su capital como Margen Libre para sostener las posiciones, exponiéndose a gran riesgo de perder "casi todo el capital".

Apalancamiento = Capital Invertido / Margen Libre = N° veces

El determinar este número tiene cierto grado de utilidad aparte de parecer sólo de valor ilustrativo. Como veremos, nuestra ganancia dependerá del número de lotes tomados en la posición, independiente de la especie transada y del apalancamiento. Pero si estamos transando especies "baratas" y no hemos colocado *Stop Loss*, nuestra posición podría resistir mucho mejor un embate en contra del mercado antes de detonar el *Margin Call*, comparado con haber transado una especie más cara, ya que habremos ocupado un apalancamiento mucho menor.

Por ejemplo, si tenemos un **EQUITY de U$ 10.000**:

Capital Invertido en la Posición US30:
5 lotes del Indice US30 = 5 X U$ 10.300 = U$ 51.500
Apalancamiento = 51.500/10.000 = **5,15 veces el** *Equity*
Variación de precio US30 = 10.340-10.345 = 5 U$ por lote
Ganancia total = 5 x 5 U$/lote = **25 U$**

Capital Invertido en la Posición SP500:
5 lotes del Indice SP500 = 5 X U$ 1.100 = U$ 5.500
Apalancamiento = 5.500/10.000 = **0,5 veces el** *Equity*
Variación de precio SP500 = 1.092,0 -1.092,5 = 5 U$ por lote
Ganancia total = 5 x 5 U$/lote = **25 U$**

En el primer caso del US30 con Apalancamiento 5,15 veces, utilizamos U$ 41.500 de capital prestado por el *broker*. En el segundo caso SP500 el Apalancamiento fue menor a 1, es decir la operación se armó con capital propio de la cuenta.

Al utilizar capital propio la inversión quedará más protegida ya que un Índice puede tener variaciones bruscas, pero nunca lo reventará, como es el caso de una posición muy apalancada en que el *broker* debe cerrarla por falta de garantía, por *Margin Call*.

Para no exponer el capital a un riesgo excesivo, se sugiere que el apalancamiento se maneje alrededor de 10 veces el capital en Margen Libre, de modo que una variación del mercado en contra siempre sea absorbida por el resto de apalancamiento no utilizado de la cuenta de margen.

Por ejemplo, el apalancamiento involucrado al tomar 10 lotes para un Capital de U$ 10.000 para diferentes especies, se apreciaría de la siguiente forma:

CAPITAL EQUITY 10000					
Especie	Símbolo	Nº Lotes	U$/lote	U$ Totales	Apalancamiento
DOW JONES	US30	10	10.000	100.000	10
SPX500	SPX500	10	1.100	11.000	1
NASDAQ	NAS100	10	1.800	18.000	2
EURUSD	EURUSD	10	12.700	127.000	13
GBPUSD	GBPUSD	10	15.500	155.000	16
DAX	GER30	10	5.800	58.000	6
CAC	FRA40	10	3.500	35.000	4
PETROLEO	USOIL	10	7.300	73.000	7
ORO	XAU_USD	10	12.500	125.000	13

Para quienes se resistan a transar colocando *Stop Loss*, el transar las especies más "baratas" produce un menor apalancamiento, pero con los mismos resultados en U$ por lote. Esto significa que si el margen utilizado es más bajo se protege la cuenta en mejor forma ante una variación en contra del mercado para que no se gatille *Margin Call*.

Si la posición es intradía o cerrada antes del las 17 hrs. el *broker* no cobra intereses por el dinero prestado.

Si no logra cerrar las posiciones dentro del día le cobrarán intereses cada día. Esto agrega otra ventaja: el transar especies baratas, las posiciones abiertas tendrán un cobro de interés menor, proporcionalmente al apalancamiento utilizado o Capital invertido.

h) Determinación del Tamaño de una Transacción

La determinación del tamaño de cada transacción estará en función del **Margen Libre** de la cuenta a transar, pero también participan otras consideraciones.

h.1. Perfil de *Trading*:
Debemos definir primero el Perfil de *Trading* que deseamos realizar en cuanto al % de pérdida de cada operación sobre el capital propio total.

Podríamos definir en función de esto 3 perfiles de *trading*:
1. Agresivo: % pérdida -5% por transacción
2. Moderado: % pérdida -3% por transacción
3. Conservador: % pérdida -2% por transacción

Estos diferentes Perfiles de *Trading* afectan directamente la velocidad de avance o retroceso del capital propio. El *trader* deberá elegir uno de ellos en función de la confianza que tenga en el Sistema de *Trading* que está aplicando, basado en resultados estadísticos.

Dentro de cada uno de estos perfiles, el *trader* deberá elegir además el nivel de *Stop Loss* que desea aplicar a la transacción, en función de la volatilidad del mercado.

h.2. STOP LOSS:

De acuerdo a lo anterior, podemos definir el **Stop Loss** como el precio al cual estaremos dispuestos a salirnos de la operación, porque consideraremos que falló. El *Stop Loss* se calcula como la variación en contra, en U$/lote, a partir del precio de entrada de la posición.

El *trader* debe elegir de antemano un nivel de *Stop Loss* que lo haga sentir cómodo, no importa que sean -50 U$/lote, o -200 U$/lote, ya que en cualquier caso, el impacto de pérdida como % del capital propio será el mismo que diseñamos al entrar en la operación.

Esto se puede ver más claramente en las Tabla a continuación:

PERFIL AGRESIVO					
stoploss U$ minilot	N° minilotes por cada U$1000	% pérdida	Objetivo U$/minilote	Utilidad U$/mil U$	% Rentabilidad
- 50	1,00	-5,00%	10	10,00	1,00%
- 70	0,72	-5,04%	10	7,20	0,72%
-80	0,63	-5,04%	10	6,30	0,63%
-100	0,50	-5,00%	10	5,00	0,50%
-150	0,34	-5,10%	10	3,40	0,34%
-200	0,25	-5,00%	10	2,50	0,25%

PERFIL MODERADO					
stoploss U$ minilot	N° minilotes por cada U$1000	% pérdida	Objetivo U$/minilote	Utilidad U$/mil U$	% Rentabilidad
- 50	0,60	-3,00%	10	6,00	0,60%
- 70	0,45	-3,15%	10	4,50	0,45%
-80	0,38	-3,04%	10	3,80	0,38%
-100	0,31	-3,10%	10	3,10	0,31%
-150	0,20	-3,00%	10	2,00	0,20%
-200	0,15	-3,00%	10	1,50	0,15%

PERFIL CONSERVADOR					
stoploss U$ minilot	N° minilotes por cada U$1000	% pérdida	Objetivo U$/minilote	Utilidad U$/mil U$	% Rentabilidad
- 50	0,40	-2,00%	10	4,00	0,40%
- 70	0,30	-2,10%	10	3,00	0,30%
-80	0,25	-2,00%	10	2,50	0,25%
-100	0,20	-2,00%	10	2,00	0,20%
-150	0,14	-2,10%	10	1,40	0,14%
-200	0,10	-2,00%	10	1,00	0,10%

En la tabla anterior se colocó como objetivo para este estilo de *Trading* de corto plazo un objetivo de 10 U$ por lote. Se puede observar que mientras más holgado es el *Stop Loss*, deberemos armar la operación con menos lotes, y en consecuencia la utilidad y su respectiva rentabilidad de la transacción será menor.

Cuando se detona un *Stop Loss* duele mucho esa pérdida, pero debemos reconocer que habíamos de antemano diseñado esa pérdida, por lo tanto la deberemos asumir estoicamente. Quedaremos magullados pero no muertos, como en el caso cuando el mercado sigue bajando y gatilla un *Margin Call* que hace perder casi todo el capital propio, cuando se está muy apalancado.

Nunca dejar a las ovejas solas desamparadas.

A pesar de todo lo dicho hasta ahora, creo que no he sido lo suficientemente enfático en decir que cuando se trabaja con posiciones muy apalancadas, *nunca pero nunca nunca* se debiera dejar una posición a la deriva sin colocarle *Stop Loss*.

Es como dejar las ovejas pastando a campo abierto e irse a dormir, sabiendo que anda merodeando el lobo. ¿Qué tipo de pastor sería usted?

Elija, o se pasa la noche en vela siempre vigilando la gráfica estando atento a cerrar si alcanza niveles peligrosos de retroceso, o coloca el *Stop Loss* con la amplitud adecuada dependiendo de la volatilidad que tenga el mercado.

Nunca dejaremos de recalcar la enorme importancia de transar con *Stop Loss* colocado. Usted elija el nivel en que se sienta cómodo … pero *no omita colocarlo!!*

No obstante …

No obstante, habrá momentos en que no colocaremos el *Stop Loss* por múltiples razones. Para darse el lujo de trabajar sin *Stop Loss* debe analizarse el tipo de especies en el portafolio vigente, el número total de lotes por especie y ver si el Margen Libre permite sostener un retroceso extremo del mercado sin detonar el cierre de las posiciones por *Margin Call*. Para ayudar a este cálculo, en la tabla siguiente se indica la variación del precio de diferentes especies para una pérdida de U$1.000 por cada lote.

Especie	Precio U$	variación precio	resultado U$	variación de precio U$1.000 en contra	variación de precio % en contra
US30	10.500	1	1	1.000	9,52%
SPX500	1.100,0	1	10	100,0	9,09%
NAS100	1.800	1	1	1.000	55,56%
EURUSD	1,3000	0,0001	1	0,1000	7,69%
GBPUSD	1,5000	0,0001	1	0,1000	6,67%
GER30	6.200	1	1	1.000	16,13%
FRA40	3.600	1	1	1.000	27,78%
USOIL	75,00	0,01	1	10,00	13,33%
XAU_USD	1.150,00	1	10	100,00	8,70%

Por ejemplo, para que 1 lote de US30 arroje un pérdida de U$ 1.000 debiera variar 1.000 puntos sobre un valor de 10.500, o sea 9,5%.

En cambio, para que 1 lote de GER30 arroje un pérdida de U$1.000 debiera variar 1.000 puntos sobre un valor de 6.200, o sea 16%.

El trabajar sin *Stop Loss* será una decisión del operador quien a su vez deberá ser él mismo quien deba cortar la pérdida manualmente, si el mercado se desboca y excede los límites imaginables.

h.3. Número de Lotes por cada Posición:

Por ejemplo, si eligiéramos un Perfil Agresivo de *trading* entonces el riesgo al que someteremos el capital en cada operación quedaría definido en una pérdida de -5%

del capital propio. Esto permite **calcular el número de lotes** a transar dependiendo de la holgura del *Stop Loss*que nos haga sentir cómodos con la volatilidad de la especie transada.

Veamos un ejemplo:

Para un capital de U$ 10.000, estaremos dispuestos a perder un máximo de 5% de nuestro capital, equivalente a U$ 500 por operación.

Si en la gráfica de la especie transada estimáramos que un *Stop Loss* **de -50 U$/lote** fuese una holgura suficiente para absorber las ondulaciones del precio dentro de la tendencia elegida, automáticamente se determina que el número de lotes para ese nivel de pérdida debe ser **1 lote por cada U$ 1.000**, o sea 10 lotes en cada operación, de modo que la pérdida sea U$ 500 por transacción, es decir 5% del capital propio.

Pero si estimáramos que el *Stop Loss* debe ser mucho más holgado, por ejemplo, **-200 U$/lote**, entonces deberemos tomar **0,25 lotes por cada U$ 1.000**, o sea 2,5 lotes en cada operación.

i) **Riesgo del Capital**

Preservar el capital es lo más importante ya que si se pierde, no tendremos la materia prima básica para intentarlo nuevamente. Si bien la Renta Variable puede ser más rentable que la Renta Fija, lleva asociado un mayor riesgo. Si hacemos las cosas adecuadamente como corresponde, podremos controlar perfectamente el riesgo. Y si disponemos de un sistema de *trading* cuyo resultado esperado sea levemente positivo en cada transacción, tendremos en nuestras manos altas probabilidades de hacer progresar el capital inicial hacia cumbres inimaginables.

Si se define el RIESGO como el % máximo del capital propio inicial que estamos dispuestos a perder, por ejemplo, 20% del capital, para un capital de U$ 10.000 equivaldría una pérdida total de U$ 2.000.

Entonces bien vale arriesgar un 20% con la expectativa de escalar ganancias mucho mayores que las ofrecidas por sistema financiero tradicional de renta.

j) Nº Máximo de Posiciones Simultáneas

Si utilizara el sistema *Trading by Surfing,* el número máximo de posiciones abiertas se propone que sea aquel número que en caso de fallar todas simultáneamente se consuma sólo la mitad del % de RIESGO diseñado de antemano para el capital.

$$\text{Nº Máx. posiciones} = \% \text{ Riesgo} \times 50\% / \text{Nivel Trading}$$

Siguiendo con el ejemplo anterior con 20% de RIESGO para el capital, si cada operación tiene diseñada una pérdida de 5% entonces no deberemos tener abiertas más de 2 posiciones simultáneamente, ya que si fallan todas las posiciones abiertas detonando STOP LOSS, habremos consumido sólo la mitad el monto de capital que habíamos destinado a pérdida.

No es conveniente transar siempre al límite de la capacidad, ya que como *trader* puede tener rachas de rendimiento, con días buenos y otros malos. Es preferible transar por debajo de la capacidad máxima de operaciones simultáneas.

CAPÍTULO XIII.
¿SE REQUIERE UN SISTEMA GENIAL?

Pero veamos ahora el tema desde el punto de vista del *trader* como actor principal. Analicemos el siguiente escenario: Dos operadores abren una cuenta de *trading* en un mismo *broker* con un mismo capital. Ambos utilizan la misma plataforma para efectuar sus operaciones. De igual forma a ambos se les entrega una estrategia muy específica a seguir con lineamientos exactos y puntos de entrada y salida bien definidos. Se les da exactamente las mismas instrucciones a ambos y se les deja operar durante un tiempo establecido, utilizando únicamente las mismas reglas definidas para ambos.

Tiempo después regresamos a ver sus resultados: el primer operador va 25% arriba mientras que el otro ha perdido más del 50%. ¿Qué pasó? ¿Porqué? Es sorprendente que una misma oportunidad entregada a dos personas distintas tenga resultados tan diferentes. ¿Acaso hay aspectos que debemos aprender del *trading* que están más allá de las estrategias para lograr el éxito? La respuesta es absolutamente afirmativa.

El operar una cuenta de *trading* hay que entenderlo como un juego de probabilidades. Una leve inclinación de la balanza sistemáticamente a nuestro favor bastará para lograr la ansiada quimera de ganar inmensas cantidades de dinero. Cualquier sistema que otorgue levemente una mayor probabilidad de ocurrencia en el sentido esperado servirá para este propósito.

Por lo tanto es imprescindible disponer de un sistema que nos otorgue tan sólo una cierta ventaja, ya que sin este componente esencial, es decir, sin un adecuado sistema o estrategia, nunca se tendrá esta ventaja competitiva frente al mercado.

Sea cual sea el sistema que utilice, usted estará confiando en una inclinación positiva a su favor. Todo lo que su sistema debe hacer es ayudarle a identificar operaciones con altas probabilidades de éxito, definir como entrar en ellas correctamente y como proteger el capital frente a una falla, de un modo tal que sus ganancias se vayan incrementando.

Ahora bien, algunos sistemas son mejores que otros. Pero no debe cometer el error de quedar atrapado en la búsqueda del sistema perfecto…Aquella fórmula mágica tan difícil de encontrar que nos reporte ganancias cada vez que la invocamos y que nunca se equivoque…**ese sistema no existe!**

Un operador bien disciplinado y práctico tomará un sistema común y ganará dinero utilizándolo. Un operador nervioso, arbitrario e inconsistente, tomará un sistema brillante y lo destrozará.

Encuentre un sistema de *trading* que le acomode. Un sistema con el cual se sienta grato. Uno que comprenda cabalmente. Una vez adoptado, sígalo estrictamente, amárrese a él y sea consecuente.

Todos los operadores tienen días buenos y días malos. En algunos días obtendrá ganancias pequeñas. En otros, tendrá pérdidas pequeñas. Y una o dos veces en el mes, en promedio, obtendrá grandes ganancias. Esa es la forma de ganar dinero como operador profesional. No es necesario estar haciendo *trading* desde que abre el mercado hasta que cierra!

El *trading* exitoso tiene mucho que ver con adoptar reglas para manejar el riesgo y luego entregarse a la ley más antigua del universo: *La ley de las probabilidades.*

El éxito en el *trading* dependerá mayormente de las buenas prácticas que apliquemos y de la parte sicológica de cada persona, mucho más que de su "sistema genial" para transar.

CAPÍTULO XIV

UN LUGAR DE TRABAJO APROPIADO

El *trading* es una actividad que requiere de gran concentración y no debe realizarse al pasar. Se sugiere que mantenga el *trading* fuera del ambiente de su hogar porque debe evitarse las distracciones e interferencias domésticas. No puede ocurrir que en pleno desarrollo de una transacción lo interrumpan con un: "Amorcito por favor, sería tan tierno de sacar la basura?" o "Por favorcito,... saque sus cosas que tengo que pasar la aspiradora, ya?".

En su defecto arme una oficina dentro de la casa, en la cual estará en un horario establecido, tal como si fuese un trabajo formal!

Debe ser una actividad regulada dentro de un horario que usted elija.

Esto evitará que en las horas dedicadas a la familia tenga las emociones interferidas al estar el terminal abierto mostrando oportunidades para transar, o las pérdidas de las posiciones vigentes. Definitivamente no es recomendable.

CAPÍTULO XV.
SOFTWARE GRÁFICO RECOMENDADO: METATRADER4

Uno de los *softwares* más gentiles para realizar análisis técnico es **MetaTrader**. Durante los últimos 5 años se ha popularizado tanto su uso que hoy en día casi todos los *brokers* están incluyendo dentro de su servicio como un atributo adicional el disponer de esta herramienta gráfica, principalmente porque es muy versátil y amigable para los *traders* que se inician en esta disciplina.

MetaTrader como una herramienta gráfica para análisis técnico cuenta con una buena recepción de datos en tiempo real, muchísimos indicadores y un lenguaje flexible de programación. Cubre un amplio espectro de especies en divisas, *commodities* e Índices bursátiles.

En particular, **MetaTrader** en su versión *Client Terminal 4* ofrece numerosos indicadores técnicos, aunque para el método *Trading by Surfing* sólo se utilizarán los más clásicos.

Es un programa muy liviano y veloz que responde prontamente a las órdenes de compra o venta.

La principal característica que interesa destacar es el manejo intuitivo de todas sus funciones. Familiarizarse con sus menús y funciones principales lleva posiblemente menos de 15 a 20 minutos.

Para descargar el programa deben dirigirse a http://www.metaquotes.net/files/mt4setup.exe

A continuación debe registrarse como usuario demo, salvo que trabaje con un *broker* compatible con su servicio.

Si desea ampliar información pueden visitar la página web de la empresa que la desarrolla, *MetaQuotes* http://www.metaquotes.net/

Para poder visualizar las gráficas adecuadamente se sugiere aplicar el siguiente *setting*: Pulse la tecla F8 y aparecerá el siguiente cuadro de Propiedades de la gráfica. Ajústela con los colores que se indican en el siguiente ejemplo:

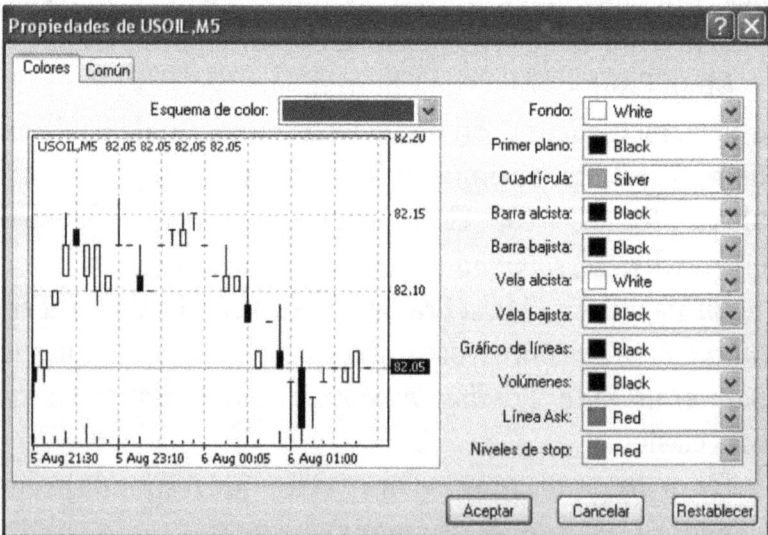

CAPÍTULO XVI

ACERCA DEL ENTRENAMIENTO

Para tener éxito en el *trading* es imprescindible someterse a un riguroso entrenamiento. La práctica en una plataforma DEMO es de gran valor porque le permitirá familiarizarse con el terminal, ejercitarse en como armar las posiciones con el apalancamiento adecuado y con el nivel de STOP que lo haga sentirse cómodo.

Sugiero que primero utilice una cuenta DEMO para aprender el funcionamiento de la plataforma haciendo operaciones de compra y de venta. Aprenda a como determinar el tamaño más apropiado de la próxima transacción y donde colocar el STOP LOSS.

Pero recuerde que operar una DEMO no tiene absolutamente nada que ver con operar una cuenta en la realidad, principalmente porque la soltura que se tiene al no arriesgar el dinero propio, le hace tomar riesgos que no tomaría con una cuenta real. Por lo tanto, los resultados obtenidos en una plataforma DEMO sencillamente no tienen mayor validez, porque el componente emocional no será la misma que operando una cuenta con dinero real.

Por lo tanto, lograr ganancias en una cuenta DEMO no garantiza obtener ganancias en su cuenta real.

CAPÍTULO XVII.

EL SISTEMA EN SÍ MISMO: *TRADING BY SURFING*

En este capítulo se expondrá un sistema empírico que se basa en el conocimiento obtenido a partir de la experimentación en los mercados, basado en el principio fundamental que los mercados son impredecibles en su comportamiento inmediato. Más vale fluir con el mercado en la dirección que insinúa.

El Sistema *Trading by Surfing* ha sido desarrollado aplicando la observación sistemática y objetiva a múltiples casos durante largo tiempo.

El sistema *Trading by Surfing* que se sugiere aplicar es una aplicación de Análisis Técnico minimalista en la cual se hace prevalecer el comportamiento de las ondulaciones de la media SMA20 en los diferentes horizontes de tiempo. De allí su nombre.

La gráfica en la pantalla de su computador debe lucir lo más limpia posible para no dejarse confundir con trazos que restringen el comportamiento del mercado, y que induce a tomar decisiones en base a supuestos rebotes en canales, soportes o resistencias, que debería ejecutar el precio. El mercado no se debe predecir, tan solo se debe seguir…, fluir con el mercado es la clave.

Filosofía:
Tengamos presente que el mercado es, por su naturaleza misma, absolutamente impredecible. Tan sólo nos muestra por unos pocos instantes una tendencia definida que deberemos capturar para sacarle ventaja con operaciones de corta duración.

Actuar como un camaleón, cuando detecta su víctima. Al estar seguro que la tiene a su alcance, lanza su lengua pegajosa y saborea su presa… y luego busca la siguiente.

Considerando la turbulencia de los mercados se propone un sistema de *trading* que exponga nuestro capital a un riesgo totalmente acotado y por el menor tiempo posible.

La filosofía del sistema será intentar mantener el capital siempre líquido al cierre de cada día. Esto nos dará la ventaja de ir con los vaivenes del mercado en cada sesión, sin preocuparnos mayormente de analizar noticias fundamentales ni adivinar hacia donde irá el mercado en el largo plazo. Cada día presentará siempre nuevas oportunidades. Habrá días con numerosas entradas al alza o a la baja, con ventanas de tendencia corta. Otros días habrá menos entradas, pero con tendencias más sostenidas. Incluso habrá días en que el mercado no presenta ninguna señal de entrada y si no logramos dominar el prurito por transar, deberemos recurrir a otros sistemas de corto plazo, alejándonos del sistema central.

Mirado como un ejército de soldados, nuestro capital

y su general siempre debieran quedar listos al final del día. Deben descansar para estar frescos y lúcidos para la batalla del día siguiente. El general debe saber a ciencia cierta con cuantos hombres dispone para armar su estrategia vencedora para la batalla del día de mañana. Tener posiciones abiertas sin STOP es como tener los ejércitos infectados, sin poderles exigir un buen rendimiento en el campo de batalla. Mientras no haya vivenciado esta situación nunca podrá entender cabalmente la profundidad de este concepto. Tener posiciones abiertas añejas sin STOP, esperando que el mercado se apiade para que no fallen, es un drenaje tremendo de energía y produce inmovilidad. Más vale tener un capital líquido sano, que un capital potencialmente mayor a la espera que el mercado se revierta.

Estructura:
Hemos elegido un sistema muy simple, fácil de aplicar, objetivo y concreto en su señal de gatillo, para así evitar malas interpretaciones del mercado. Tiene la ventaja que, independiente del movimiento mayor del día, siempre habrá movimientos al alza o a la baja que satisfagan nuestro objetivo de 10 a 20 U$ por lote.

Este sistema tiene la virtud de que al gatillarse la señal de entrada tendremos altas probabilidades que el mercado presente continuidad por algunos instantes en la tendencia esperada, para así lograr obtener el objetivo propuesto.

Este sistema de *trading* cae dentro de la categoría de *"scalping"*, es decir operaciones de muy corto plazo. Ello presupone obtener pequeños beneficios en forma consistente de operaciones que no duran más que unos cuantos minutos. El método que se presenta es un *scalping* basado en Técnicas de continuación de tendencia.

Tal como exageran los *traders* de éxito, se trata de conseguir un "millón de dólares con un millón de operaciones".

Señal de Entrada:

De acuerdo a lo anterior, se propone el sistema TRADING BY SURFING que se basa en el indicador MACD cuando entra en segunda fase, en gráfico de 5 minutos. La segunda señal MACD será utilizada como gatillo para buscar el precio de entrada óptimo.

Esto se explica detalladamente en el Anexo NOCIONES DE ANÁLISIS TÉCNICO.

Sistema de Protección:

De acuerdo a lo planteado en el Capítulo XII, se deberá armar la transacción con un n° de lotes tal que permita elegir un nivel de STOP LOSS de acuerdo a la volatilidad de la especie a transar y al Perfil de *Trading* elegido.

PERFIL AGRESIVO		
stoploss U$/Lote	N° Lotes por cada U$1000	% pérdida
- 50	1,00	-5,00%
- 70	0,72	-5,00%
-80	0,63	-5,00%
-100	0,50	-5,00%
-150	0,34	-5,00%
-200	0,25	-5,00%

PERFIL MODERADO		
stoploss U$/Lote	Nº Lotes por cada U$1000	% pérdida
- 50	0,60	-3,00%
- 70	0,45	-3,00%
-80	0,38	-3,00%
-100	0,31	-3,00%
-150	0,20	-3,00%
-200	0,15	-3,00%

PERFIL CONSERVADOR		
stoploss U$/Lote	Nº Lotes por cada U$1000	% pérdida
- 50	0,40	-2,00%
- 70	0,30	-2,00%
-80	0,25	-2,00%
-100	0,20	-2,00%
-150	0,14	-2,00%
-200	0,10	-2,00%

Criterios de Salida:

Serán movimientos cortos que duran en promedio 20 minutos, con objetivo de 10 a 20 U$ por lote, el cual será acomodado dependiendo de los hitos de precio anteriores de soportes o resistencias, o utilizando como límite de salida la SMA20 con pendiente contraria en los horizontes siguientes.

Comentarios y situaciones de borde:

La media SMA de 20 en 30 minutos es muy sólida de penetrar.

Para una transacción exitosa, la pendiente de la media móvil debe estar a favor de la tendencia esperada.

- Si el objetivo de precio que se desea obtener queda ubicado antes de llegar a la media en 30 minutos, entonces es posible de lograr.
- Si el objetivo de precio requerido se encuentra más allá de la media en 30 minutos debe tenerse mucho cuidado, porque puede demorarse en cruzarla o puede rebotar en contra.
- Si el precio de entrada ya se encuentra cruzado la media en 30 minutos y el objetivo esta en la misma dirección, entonces será la situación ideal!

CAPÍTULO XVIII.

PREPARACIÓN AL COMENZAR LA SESIÓN DE *TRADING*

Se recomienda que se instale frente al terminal en su computador a lo menos 30 minutos antes de comenzar la sesión de *trading*, así tendrá tiempo de encender con calma todos los computadores, abrir los sistemas, "calentar los motores" de su cerebro y ordenar su lugar de trabajo para la sesión del día.

Tendrá tiempo de prepararse un buen café mientras revisa la agenda de noticias que puedan impactar el mercado. En lo posible se debe estar fuera del mercado al momento que se anuncien noticias.

Recordemos que el mercado debe seguirse, no predecirse.

Coloque una alarma que avise 15 minutos antes de publicarse cada noticia, ya que en el fragor de la sesión estará tan concentrado en las operaciones, que probablemente lo tome por sorpresa y tenga una desagradable experiencia si al momento de la noticia lo encuentra con operaciones abiertas. Usted podría argumentar que también puede ocurrir que saliera beneficiado. Sí, es cierto. Pero recuerde que por definición debemos ser seguidores del mercado y no *gamblers*. De otro modo mejor vamos a jugar al Casino!

Antes de comenzar a transar debe familiarizarse durante 15 minutos con el mercado en los gráficos de diferentes horizontes de tiempo 30 minutos, 15 minutos, 5 minutos para detectar la armonía de la tendencia mostrada en gráfico de 1 hr. principalmente, y gráfico de 4 hrs. y 1 día como ambiente general para la sesión.

Se recomienda abrir el *chat online* del *broker* para que esté disponible ante cualquiera emergencia de interrupción de la plataforma.

El vigía

Antiguamente los barcos veleros tenían un vigía que se instalaba en lo alto de un mástil para mejorar la visión del horizonte. La gráfica de 1 día y 4 hrs., con su MACD debiera servirnos para detectar la gran tendencia hacia donde va el mercado en el "largo plazo" durante el día. Esta información puede servirnos como un ambiente general para ajustar nuestras expectativas en el precio objetivo, y favorecer de este modo nuestras operaciones LONG al alza, o SHORT a la baja.

• Si detecta oportunidades a favor de la tendencia podrá tener un objetivo más ambicioso.
• Si detecta oportunidades en contra de la tendencia, deberá ser mesurado en su objetivo e incluso podrá colocar de antemano un Precio Objetivo *Limit* que le dé una ganancia corta.

En caso que se le detone una falla por STOP LOSS, se recomienda no entrar en otra posición durante unos minutos. El operador deberá usar este tiempo para analizar cual fue el motivo de la falla y reinterpretar el mercado objetivamente, sin el efecto emocional desestabilizador que produce una pérdida por STOP.

Se recomienda partir el día con una gran sonrisa que ilumine su actuar, independiente del resultado obtenido en el día anterior.

CAPÍTULO XIX.

PONIENDO EN PRÁCTICA
7 REGLAS EXITOSAS

El estilo de *trading* que logra ganarle al mercado es aquel que permite transar teniendo uno mismo el control de la situación frente a la gráfica. Meterse en una operación sin un férreo plan de acción es sin lugar a dudas una apuesta, ya que el mercado es capaz de realizar los escenarios más improbables y arrollarlo. Transar en control esa es la clave... aunque llegado el momento es tal la adrenalina, cuando arrecia la tormenta del mercado, que se tiende a olvidar todo y se cometen errores uno tras otro.

El lograr el éxito depende única y exclusivamente del actuar de uno mismo como *trader* y de un Sistema de *Trading* tal que tenga un valor esperado levemente positivo en cada transacción.

Deberemos aprender a **respetar y ejecutar** las reglas que nosotros mismos hemos definido para nuestro Plan de *Trading* frente al mercado:

7 REGLAS DE ORO:

1. Transar durante la sesión USA
2. Apalancamiento adecuado
3. Sólo 1 transacción a la vez
4. Entradas sólo con MACD en Segunda Fase
5. Disparo de precisión
6. Colocar STOP diseñado en U$ por lote
7. Prohibido hacer *Hedging*

REGLA 1: Transar una vez abierto Wallstreet

De más está decir que es de toda lógica que la sesión diaria de *trading* debiera comenzar cada día luego de haber revisado el calendario de noticias del día, y después de la apertura de la Bolsa de USA.

Nos guste o no, debemos reconocer que WALL STREET es la Bolsa rectora de los mercados mundiales. En lo posible, no se debiera tener operaciones abiertas al momento de la apertura del mercado o al momento de la entrega de noticias, ya que se producen turbulencias incontrolables que pueden detonar los STOP LOSS colocados, para luego retomar la tendencia detectada originalmente.

En los momentos previos a la apertura de la sesión de WALL STREET suelen aparecer conformaciones de análisis técnico que invitarán como cantos de sirenas a tomar posiciones anticipadas al toque de la campana. Las sirenas eran criaturas marinas de la mitología griega, cuyos alucinantes cantos hacían saltar por la borda a los marinos, quienes finalmente morían ahogados.

Usualmente estos patrones inducen a análisis erróneos porque dichas figuras se arman debido a las órdenes colocadas por los operadores impacientes, que obviamente no gobiernan ni dirigen el mercado.

Al igual que Ulises, para sobrevivir al mercado deberíamos atarnos al mástil de nuestro Plan de *Trading* y entrar sólo a posiciones en forma racional.

Una vez que abre la sesión se revelan las verdaderas intenciones de los astutos que mueven el mercado. Aprovechémonos de que WALL STREET nos muestre sus verdaderas cartas al transcurrir a lo menos media hora desde la apertura. No se apresure en tomar posición tan pronto emitan las noticias, ni menos antes que abra el mercado. Oportunidades de inversión vendrán muchas durante el día, tantas como olas del mar llegan a la playa…no paran jamás. Contrólese y espere con paciencia el momento más oportuno para lanzarse a la acción.

Se debe tener una perspectiva más amplia del *trading*.

Habrá muchas oportunidades durante el día, las cuales serán mucho más claras en la medida que avanza la sesión.

Entienda que la transacción que desechó es solamente una de muchas. Sobre esta base, dejar pasar una, no es relevante. Es como dejar de beber una gota de agua de un inmenso río.

Aunque tal como lo habrá experimentado, justo cuando usted decida no entrar a aquella transacción, muchas veces ése será el momento preciso cuando el mercado arranca y ya no regresa más. Esa es la trampa contra la cual deberemos luchar y que siempre nos acechará, ya que nunca sabremos a ciencia cierta cuando llegará una transacción sustanciosa.

Recordemos que somos seguidores de tendencia. No somos *gamblers*, porque si nos reconocemos como tales entonces debiéramos estar en el casino, o tomando siempre posiciones antes de la apertura para ver si le acertamos a la apuesta, y no estar aquí convocados para realizar un trabajo profesional como proyecto de vida, que nos llevará a la libertad financiera.

La calentada de motores al comenzar la sesión bursátil de cada día es un proceso lento. La mente del operador se toma varios minutos para acostumbrarse a leer las gráficas en los diferentes horizontes de tiempo para interpretar correctamente la armonía del movimiento del mercado. No cometa el error de entusiasmarse y entrar impulsivamente tan pronto vea la primera gráfica.

Antes de comenzar a colocar las órdenes del día, recomendamos esperar 30 minutos, que corra la sesión para que se despeje el polvo de la estampida de la partida, y podremos ver más claramente hacia donde va el mercado.

Pregúntese antes de entrar: ¿Es realmente clara la oportunidad correcta para entrar?... ¿o esperamos la siguiente?

Le daré un *tip* maravilloso que le ayudará enormemente en sus inicios como *trader*. Recuerde como lo hacen los jugadores de Golf. Antes de pegarle a la pelota, ensayan varias veces todo el movimiento y luego descargan el golpe que lanzará la pelota en una trayectoria perfecta hacia el *green*.

La primera operación del día hágala con sólo 1 lote, independiente del monto del capital. Esto permitirá poner toda su maquinaria mental bursátil en funcionamiento con un buen grado de acierto, ya que al iniciar una afirmación real le saltarán inmediatamente las incongruencias si es que está equivocada, pero tiene la ventaja que el daño será mínimo si es que falla.

Los mejores momentos para operar son generalmente durante las dos primeras horas después de la apertura del mercado USA y también durante la última hora previa al cierre de la sesión de WALLSTREET.

La fuerza del mercado es mayor en estos horarios ya que la presión real de la compra y la venta crean las mejores tendencias.

En una sesión normal el mercado tiende a tener un enorme volumen en la primera media hora, luego baja la actividad alrededor del medio día cuando los *traders* van a almorzar y finalmente retoma una actividad frenética durante la última hora del día.

Si esta transando *commodities* tales como ORO o PETRÓLEO, se recomienda que las operaciones sean cerradas antes de las 14:00 hrs. horario del Este, porque generalmente en la tarde, al cerrar la City de Londres, el mercado pierde fuerza y no responde tan ágilmente a las variaciones del DOW JONES aún cuando tenga algún grado de correlación directa o inversa.

Veamos un ejemplo: En la apertura se dan grandes variaciones sin tendencia consistente, lo cual puede detonar el STOP LOSS innecesariamente.

REGLA 2: Usar un apalancamiento apropiado

La gestión del capital es la parte más importante de cualquier sistema de *trading* y trata acerca del tema de "cuanto" capital arriesgar en cada operación.

No es posible controlar el resultado de una operación, pero sí es posible controlar la cantidad que se debe arriesgar. Por ello se debe poner mucho énfasis en utilizar la cantidad de capital que nos proporcione el mejor resultado. A la larga, aplicando gestión de capital se puede multiplicar muchas veces el capital inicial comparado con no haberlo aplicado. Cualquiera que sea el sistema utilizado tendrá rachas ganadoras y rachas perdedoras. La gestión del capital no puede convertir un sistema perdedor en ganador, pero dispara geométricamente los beneficios de un sistema ganador a la vez que reduce las pérdidas en los períodos difíciles por los que pasará el sistema.

Como concepto general, si el capital crece se debiera ir aumentando el apalancamiento. Si le ocurre una serie perdedora debe bajar el apalancamiento de acuerdo a su capital.

En palabras simples se puede decir que un **apalancamiento apropiado** nos permitirá utilizar mayor número de lotes en las transacciones cuando vamos ganando y por lo tanto podremos asumir más riesgo. Por el contrario, nos ayudará a disminuir el número de lotes para bajar el riesgo cuando vayamos perdiendo.

REGLA 3: Sólo una operación a la vez

Se recomienda en lo posible resolver una a una cada transacción. Si vamos a transar, por ejemplo, el Índice DOW JONES, no debe tomarse jamás dos posiciones en la misma dirección. Esta es la vieja práctica de promediar precio, la cual nunca arroja buen resultado.

Incurrir en éste error no es más que una muestra de pretensión y arrogancia intelectual, pensando que uno tiene la capacidad de anticipar en que punto el mercado se revertirá para retomar la tendencia que nos conviene.

Obviamente no seguir esta regla significa aumentar el apalancamiento diseñado y en consecuencia un aumento del riesgo.

Usted lo experimentará con sangre. Ya verá que cuando desobedezca esta regla y tome otra posición, el mercado seguirá en dirección contraria, pero ahora haciéndole el doble del daño que le estaba infiriendo, con la gravedad que le habrá consumido margen empujándolo peligrosamente al precipicio denominado ***margin call***.

Es decir, el *broker* comienza a inquietarse por la garantía de su préstamo y se dispone a fusilarlo si se mengua su capital de Margen Libre disponible.

Cuando por impaciencia, para avanzar más rápido o para recuperar lo perdido se toma más de 1 posición todo se complica… con toda seguridad el mercado no le responderá.

Lo peor de esto es que al tomar más de 1 posición habrá aumentado el apalancamiento y no la podrá sostener hasta llegar al punto de reversión y salvar la posición.

Idealmente se recomienda poner toda su concentración y su energía en la posición que se encuentra en curso, hasta resolverla. El tratar de corregir los errores cometidos en esta operación que se ha complicado, mediante otras operaciones tales como *hedging* o promediando precio, lo único que conseguirá es agravar las cosas.

Peor aún si ha cometido el error de no haberle colocado el STOP, le recomendamos que cierre los ojos y no meta más los dedos.

Probablemente su mente no podrá realizar todas las acciones necesarias para realizar correctamente el conjunto de decisiones necesarias para contrarrestar los movimientos aleatorios de múltiples posiciones y no podrá desarmar el "enredo" que armó, ni evitar que todo termine en un perfecto desastre.

Si ha metido la pata y cae en esta trampa, deje todo tal cual y espere a que se resuelva sola la situación sin su participación. Generalmente saldrá con un daño menor a que si trata de intervenir, o morirá definitivamente, porque así estaba escrito.

Cuando se toma una sola posición a la vez, hasta se puede dar el lujo de relajar el STOP si es que no quisiera hacer la pérdida inmediatamente. Porque 1 sola posición, dependiendo de su capital, le podría otorgar la holgura de margen suficiente para soportar tranquilamente un profundo ajuste del mercado en contra de su posición.

La mejor manera de sentirse liberado y tranquilo es terminar cada día, en lo posible, con todas las operaciones cerradas. Esto permitirá saber exactamente cual es la verdadera situación de la evolución de su capital.

El tener las posiciones totalmente cerradas cada día, nos otorgará la libertad para descansar realizando otras actividades con la mente despejada. Si tenemos operaciones pendientes, no podremos evitar estar mirando a hurtadillas como va esa gráfica, incluso levantándonos sigilosamente de la cama por las noches, para "vigilar" como va la cosa.

Es tan potente la carga emocional que contiene una posición abierta, debido a la posibilidad de pérdida que involucra, que es muy difícil dejar de pensar en ella. Con posiciones abiertas estaremos con nuestra energía minada, especialmente en las noches, lo que puede terminar inhibiendo hasta a su libido!

REGLA 4: Señal de continuación de tendencia

MACD en Segunda Fase, en gráfico 5 min.
Al comenzar el día, cuando uno recién se enfrenta a las gráficas en la plataforma de *trading* cree ver oportunidades en cualquier parte.

Esto ocurre porque aun no ha visualizado todas las variables que componen el proceso de una toma de decisión correcta de su cerebro. Es típico que una vez tomada la posición comience a ver las contradicciones que contiene y los errores que ha cometido en su análisis.

Tengamos presente que el mercado es impredecible y tan sólo nos muestra por unos pocos minutos una tendencia definida que debemos lograr capturar para sacarle ventaja.

Para ello, se recomienda enfáticamente entrar con el sistema TRADING BY SURFING basado en la segunda señal de **MACD** en gráfico de 5 minutos. Debe existir armonía en la cadencia de los SMA de 20 en los horizontes de 15 minutos, 30 minutos y 1 hora.

No terminará de sorprenderse lo adecuada que es esta señal. Cuando se gatilla, es porque se han alineado muchos factores formando la conjunción perfecta para entrar.

Deberá estar plasmada a lo menos una unidad.
Se debe desarrollar el temple para esperar a que se plasme a lo menos 1 unidad, así se tendrá mayores probabili-

dades a favor de que la tendencia continúe en esa dirección. No cometa el error de adelantarse y entrar antes de tener plasmada una señal porque es muy común que el mercado haga un renuncio de último minuto y retracte la señal, dejándonos embarcados en una posición que saldrá en sentido contrario a lo esperado.

Más adelante, con más horas de vuelo, podrá reconocer cuales señales serán buenas y cuales no. Recién entonces se podrá dar ciertos lujos de entrar anticipado y tomar algunos puntitos más de rentabilidad.

Veamos como en la gráfica se observa un MACD listo para entrar en la segunda fase, pero a último minuto no se concreta y el mercado se revierte violentamente.

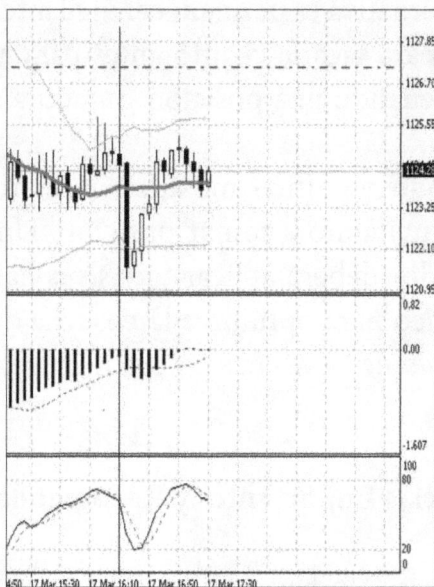

Es preferible no apresurarse y entrar cuando este confirmada a lo menos la primera señal plasmada sobre o bajo el eje cero.

Nunca se sabrá a ciencia cierta si el ciclo que esta empezando es sustancioso o si saldrá fallido. Por lo tanto, todo ciclo que aparezca es potencialmente bueno. Lo único que se podría afirmar es que, si se eligen ciclos durante la sesión de WALLSTREET, tanto al alza como a la baja, las tendencias pueden ser contundentes y resultar generosas en ganancias.

Una vez adentro, se debe colocar el STOP diseñado como lo vimos en el Capítulo XII y colocar también su LIMIT objetivo de 15 o 20 U$ por lote. Ya está sellada la suerte de la operación. **NO SE DEBE TOCAR.** No trate de intervenir con sus miedos o sus urgencias. Déje todo tranquilo hasta ver lo que resulta.

La otra alternativa es permanecer vigilante con el dedo en el gatillo para sacarla cuanto antes para no tener que arrepentirse cuando una posición ganadora se convierta en perdedora.

Este método empírico mostrará numerosos puntos de entrada, invitando a tomar posición. Una vez adentro, el operador deberá aplicar todas sus habilidades de analista técnico para optimizar la cosecha de utilidades, porque el *Trading* es y será siempre más un arte que una ciencia!

Advertencias Importantes y Recomendaciones

Correlaciones: No hay receta probada en cuanto a la correlación del ORO, EURUSD o OIL con el comportamiento del US30. Hay veces que impacta al instante cualquier variación y otras veces será inmune. Hay situaciones de incertidumbre en que el ORO y el índice DOW JONES tienen correlación inversa, pero en cualquier momento puede alinearse y correlacionarse directamente.

Por lo tanto dependerá de la suerte cual ciclo tomemos y como serán sus resultados.

No entrar dos veces en la misma: Una vez cosechada con éxito una operación generada por un movimiento brusco del mercado, no se debe cometer el error de entrar nuevamente. Otra entrada sobre la misma oportunidad detectada solo conseguirá que el *spread* entre la punta compradora y vendedora consuma lo que le resta por avanzar al precio en esa dirección, y terminará atrapado por la trampa del toro o del oso, según sea la tendencia al alza o a la baja respectivamente, quedando clavado a un precio extremo.

No debe alterarse porque le parece ver que se le va una oportunidad de realizar otra ganancia rápida evidente. No mire lo que dejó de ganar… es sólo vanidad!! Determine su objetivo y esté dispuesto a cortar esa operación. Ya vendrá otra oportunidad fresca!

O en su defecto entrénese para dejarla correr. Esto le ayudará a exprimir cada operación y no tener este conflicto de haberla cosechado tan tempranamente que no resiste el impulso de entrar por una segunda vez sobre la misma oportunidad detectada, pero que ya está añeja! Concéntrese mejor en descubrir el próximo ciclo nuevo y sano que viene!! Solo bastará cosechar cada vez sobre el promedio en U$ por lote de su estadística de los éxitos, y eso ya por sí mismo es un gran éxito!!

No debe quedarse mirando la gráfica. Cuando uno entra la posición al mercado, pareciera que la danza del precio fuera como una niña mimosa que siente vergüenza que la miren mientras baila. Si uno cambia la vista, entonces ella aprovechará de hacer sus pasos de baile y nos sorprenderá.

Esta recomendación parece que fuera mágica!! Una vez tomada la posición, saque los ojos de la pantalla y haga cualquier otra cosa, pero siempre vigilante. Cuando regrese al terminal verá casi siempre agradables sorpresas. Si se queda atrapado mirando la gráfica pareciera que el tiempo se detiene y no transcurre nunca. Se produce un efecto hipnótico y se pierde la capacidad de esperar con paciencia. Se produce una hipersensibilidad que conduce a sobre reaccionar ante el menor estímulo y que nos hará abandonar el objetivo inicial de la operación. Esto se traducirá en que realizaremos muchas operaciones de ganancias cortas que no producen avance del capital, con la gravedad de haber sometido al capital a un enorme riesgo al estar dentro del mercado tantas veces!

Como dejar correr las ganancias. Nada crea más ansiedad que ver una posición ganando. Siempre la pregunta es: la cierro ahora o la dejo correr para ganar más? ...y si se devuelve y pierdo lo ganado?

Para resistir con fortaleza interior el desarrollo de una posición hacia el objetivo deseado debe desarrollarse lo que denominamos "combustible emocional". Cuando este se agota no podremos resistir la tensión y cerraremos la posición con pérdida o limitaremos las ganancias, transformando los objetivos en una serie de operaciones *"iñi piñi"* que nunca lograrán compensar las pérdidas.

Cuando se esta ansioso frente a la gráfica esperando que el precio llegue al objetivo esperado se produce un momento de gran tensión. Se aprieta el estómago e involuntariamente se contiene la respiración. Suéltese, relaje y respire profundo. No deje de respirar.

Una forma que da buen resultado para dejar correr la utilidad es ir a la gráfica de 1 minuto, y **observar si el precio tiene deslizamiento por la Banda de Bollinger**. Si esto ocurre, se puede vigilar que el precio corra libremente hasta que cruce de regreso una media simple SMA7, plasmando el cuerpo completo de una vela, más acá de la media. Pero para lograrlo se debe tener mucho temple y sangre fría.

Ejemplo de cómo dejar correr una ganancia:

La paciencia. La virtud de la paciencia todos la conocen, pero pocos aprenden a practicarla. Aplicar realmente la paciencia es la parte más dura, pero sin duda, la más importante. Uno puede estudiar libros completos y asistir a conferencias acerca de cómo ser un inversionista con éxito, pero es en la espera paciente donde se materializan las mayores utilidades. Nadie puede enseñar la paciencia, y solamente uno puede ser su propio instructor a este respecto.

No cortar los botones de su jardín antes que florezcan. La única manera de ganar buenas rentabilidades es cultivar posiciones ganadoras. Si se cortan en forma prematura, nunca podrá tener la oportunidad de verlas dar el máximo de rentabilidad. La estrategia de rematar una posición ganadora para ir en busca de otra, implica un riesgo adicional al salir al encuentro de ella en el mercado. Si usted ya tiene una posición ganadora, cultívela, y le dará mayores resultados que desecharla por otra. Una estrategia astuta sería entonces cortar las malezas, o posiciones estancadas, y abonar las que están llenas de botones de flores. Si cortamos siempre las flores de nuestro jardín, terminaremos cultivando sólo malezas en nuestro portafolio vigente.

REGLA 5: Disparo de Precisión

Una vez detectada la oportunidad para invertir al gatillarse la segunda señal MACD, debemos afinar el disparo con precisión para mejorar el precio de entrada.

La entrada debiera ejecutarse observando el **gráfico de 1 minuto** cuando el **STOCH** y el **MACD** estén alineados con la tendencia esperada, para así optimizar el precio de entrada.

Se hace especial hincapié en respetar esto, ya que no hacerlo generalmente significa entrar a un precio poco conveniente y dar un paseo inútil en contra del mercado.

Si no se diera un STOCHASTIC + MACD adecuado para entrar, debiera dejarse pasar esta oportunidad, o mejor esperar otro punto de entrada, si aun prevaleciera como oportunidad atractiva, es decir que no haya expirado el ciclo MACD en gráfico de 5 minutos.

Esto es muy difícil de conseguir, ya que generalmente la ansiedad por entrar nos traicionará y lo haremos anticipadamente.

REGLA 6: Colocación de Stop Loss

El STOP LOSS es utilizado con un solo propósito: la protección del capital. Esta herramienta es muy útil y se coloca para limitar las pérdidas en el caso que el mercado arranque en contra de la tendencia esperada.

El STOP LOSS se trata de la cantidad de dinero U$ por lote que estamos dispuestos a perder en cada operación. Se coloca tan pronto se arma la operación y no se debe modificar. Si nuestro sistema de *trading* es suficientemente aceptable, el STOP no debiese ser detonado en más de un 10% de los casos. De lo contrario deberemos estudiar la volatilidad de la especie transada y modificar el criterio de STOP LOSS de acuerdo a ella. También hay que tener en cuenta que la volatilidad del mercado puede cambiar en el tiempo.

La colocación del STOP será la discusión más recurrente de todo operador. Nunca será suficiente insistir en la importancia de tener colocado un STOP tan pronto se ingresa una transacción.

Dicen que la experiencia no es transferible, o que la experiencia ajena no sirve. Pero, créame que de todo lo dicho hasta ahora en este libro, lo más crucial para lograr el éxito es la colocación del STOP. Experimentará en carne propia como el *trader* principiante desarrollará una resistencia brutal a colocar el STOP.

Cuando no se coloca el STOP y el mercado se nos viene en contra, se producen momentos de gran congoja y sufrimiento. Es verdaderamente horrible la sensación que se experimenta cuando hemos avanzado con el capital dólar a dólar, operación a operación, día a día, para luego ver de improviso, un retroceso tan profundo que ya no puede hacer la pérdida.

Cuando el mercado cae y vulnera el nivel de STOP donde pensábamos cerrar la posición, buscaremos desesperadamente otro nivel de soporte o de resistencia que detenga el desastre que se nos viene encima. Pero como bien sabemos, eso no es garantía ninguna cuando ataca con furia el monstruo del mercado. No hay soporte ni resistencia que no pueda ser vulnerada!

Entonces nos quedaremos congelados, sin poder hacer operaciones, con el alma en vilo hasta que el mercado se digne tenernos compasión y nos salvemos, o el mercado en forma despiadada nos martille los últimos clavos a nuestro ataúd, esfumándose ante nuestros atónitos ojos todo nuestro capital al detonarse el cierre de la posición por *Margin Call* al haberse consumido el Margen Libre disponible.

No vale decir verbalmente que estaremos vigilantes de una posición para cerrarla si comienza a tomar tendencia contraria. El STOP colocado al momento de tomar una posición es justamente para cuando el mercado reacciona violentamente y nos deja sin aliento mirando que esa vela contraria sería una pérdida que no podemos soportar.

Cuando se opera sin STOP colocado, en esos momentos de angustia, lo que erróneamente hace el operador es esperar a que la vela se recoja y pueda cerrarla a tiempo con una pérdida razonable. Pero este método rara vez funciona y el operador sufrirá la penuria enorme de soportar por largas horas posiciones perdedoras que pondrán en riesgo todo el proyecto de independencia financiera.

Todas las operaciones deben tener colocado un STOP para proteger al capital ante un cambio de dirección imprevisto del mercado.

Este STOP debe ser lo **bastante amplio** como para que nos salve ante un movimiento imprevisto del mercado, pero no tan ajustado como para que se gatille frente a cada oscilación menor en la continuación de la tendencia que habíamos detectado. Colocar un STOP muy ajustado irá erosionando nuestro capital hasta dañarlo severamente.

Colocar el STOP tiene el mismo valor para el operador como lo tiene la red para el trapecista del circo en su acrobacia a gran altura. Puede que le avergüence perder pié y desplomarse frente al público, pero la red le salvará

PERFIL AGRESIVO		
stoploss U$ minilot	Nº minilotespor cada U$1000	% pérdida
- 50	1,00	-5,00%
- 70	0,72	-5,04%
-80	0,63	-5,04%
-100	0,50	-5,00%
-150	0,34	-5,10%
-200	0,25	-5,00%

PERFIL MODERADO		
stoploss U$ minilot	Nº minilotes por cada U$1000	% pérdida
- 50	0,60	-3,00%
- 70	0,45	-3,15%
-80	0,38	-3,04%
-100	0,31	-3,10%
-150	0,20	-3,00%
-200	0,15	-3,00%

PERFIL CONSERVADOR		
stoploss U$ minilot	Nº minilotes por cada U$1000	% pérdida
- 50	0,40	-2,00%
- 70	0,30	-2,10%
-80	0,25	-2,00%
-100	0,20	-2,00%
-150	0,14	-2,10%
-200	0,10	-2,00%

la vida. En nuestro caso, el STOP nos obliga a asumir una pérdida determinada de antemano, y permitirá que con el capital restante podamos intentar la recuperación, una vez más.

Por ejemplo, el STOP puede ser colocado como un nivel de precio que arroje una pérdida desde -50 U$/lote transado, hasta -200 U$/lote, lo que es más que suficiente para permitir una holgura de la oscilación propia del precio, antes de retomar la tendencia esperada.

Se debe entender como normal que se gatille un STOP de pérdida, es parte del juego. La pérdida es parte de la ecuación y aunque es doloroso no debiéramos tenerle aversión, si se da con baja frecuencia.

Colocar valores de STOP mayor a -200 U$/ lote es alentar esperanzas para que una mala decisión de entrada sea salvada por la suerte, al retomar el mercado la tendencia esperada, luego de haber pasado por valores altamente negativos, que en caso de detonarse hubiese causado un impacto fuerte en el capital.

Usted lo podrá comprobar. Cuando se detona el STOP es porque ha ocurrido una anomalía, o hemos hecho una mala interpretación del mercado y esperamos que la suerte nos salve.

Siempre será mejor estar en posición líquido y con el capital fuera del mercado con una "pequeña" pérdida que estar adentro, inmovilizado, con una pérdida virtual enorme y en una posición incómoda.

No obstante, muchas veces tendrá esa desagradable vocecilla susurrándole al oído: "Si no le hubiese colocado el STOP, igual se habría salvado la posición porque el mercado se devolvió, … je je".

Condición de borde:

Si habiendo tomado una posición en una dirección, se gatillase la segunda señal de MACD para entrar en sentido contrario en la misma especie, se podría cerrar la posición original con la pérdida que muestre en ese instante, la cual podría ser menor al STOP LOSS definido inicialmente.

Es una disyuntiva que el *trader* deberá resolver, ya que puede ocurrir que si se asusta y cierra la posición prematuramente tratando de asegurar una pérdida menor al STOP diseñado, el mercado puede retomar la dirección original para sacarla ganadora, pero usted ya estará fuera para disfrutarla.

Total, si ya va perdiendo gran parte de su STOP, mas vale arriesgar unos pocos dólares más, con la probabilidad que el mercado retome la tendencia esperada. Total entre perder casi todo o todo el STOP no hace mayor diferencia, pero sí hace una enorme diferencia si el mercado se devuelve y sale ganadora.

Otra opción es tomar la señal contraria como un suceso totalmente independiente al cual se le aplicará los mismos criterios de STOP y cosecha de ganancias.

Veamos un ejemplo de la importancia de tener colocado el STOP LOSS: Hemos entrado a una posición al alza en petróleo, hemos avanzado muy bien, pero repentinamente el mercado se desploma sin posibilidades de reaccionar.

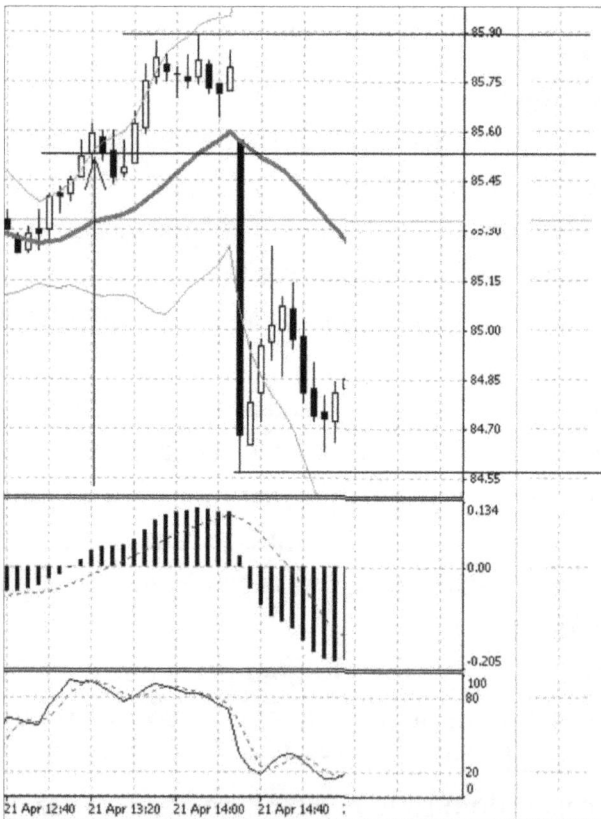

REGLA 7: Prohibido armar Hedging

La trampa del *Hedging* como reemplazo de un *Stop Loss*

Hay muchos que piensan que el tomar una posición en tendencia contraria como detención de una pérdida (*hedging*) no es más que un remedo de colocación del STOP y no querer doblegar a nuestro ego a reconocer una falla obligándolo a realizar a una pérdida.

A punta de golpes y pérdidas debo unirme a ellos y reconocer que el *hedging* es veneno puro. El *hedging* inmoviliza y perturba la mente. Más vale hacer una pérdida y recomenzar con la mente fresca.

No obstante lo anterior, *¿cuál sería la gracia del Hedging?*

Se puede aplicar en algunas ocasiones cuando el mercado presenta una tendencia titubeante, provocada por noticias confusas, nos empuja a realizar una pérdida máxima de la magnitud de un STOP LOSS.

Aplicar un *hedge* tiene la ventaja de congelar la pérdida en forma virtual en un monto determinado, el que debiera ser como máximo un 50% del STOP diseñado, para que al momento de cerrar la punta ganadora, tengamos el otro 50% como holgura para que el mercado emprenda su reversión y no se supere el monto del STOP LOSS definido inicialmente.

Cuando se arma con poca pérdida entre ambas posiciones, es más fácil ganar ambas puntas.

La gracia que tiene el *hedging* es que no consume capacidad de margen, lo que nos permitirá seguir transando perfectamente como en las condiciones iniciales al partir la sesión del día.

Esto permite conservar latente la posibilidad que una o ambas posiciones del *hedge* salgan en forma exitosa, con una pérdida menor a la que hubiésemos materializado al detonarse tempranamente el STOP.

¿Cuál es el dilema que nos enfrentamos al armar un *hedge*?
No debemos dejarnos alucinar por las ganancias pequeñas que irá mostrando la punta ganadora y deberemos resistir las ganas de tomarlas hasta que realmente el mercado se desplace hasta un extremo de su equilibrio oferta demanda y comience su reversión.

Si caemos en la tentación de cosechar ganancias menores en la punta ganadora lo único que conseguiremos es, que si no logramos retomar la posición en el nivel equivalente a los dólares que cosechamos, se irá abriendo la distancia del *hedge*. Es decir la pérdida entre la punta ganadora y la perdedora se irá haciendo tan grande que fácilmente podremos llegar a una situación límite de *margin call*.

La idea es dejar que el mercado se desplace hasta llegar a su extremo, y cuando tengamos evidencias que su tendencia se está revirtiendo, entonces recién deberemos cerrar la punta ganadora, esperando que el mercado se revierta en dirección hacia la otra punta que aun está abierta y que momentáneamente está perdedora.

La ganancia en el punto extremo será suficientemente grande como para darnos el lujo de sacrificar unos dólares para asegurarnos que se esté revirtiendo. Cuanto más avance el mercado devolviéndose en esa dirección, más irá disminuyendo dicha pérdida.

Si las puntas del *hedge* están muy separadas, el acercamiento deberá realizarse paso a paso con sucesivas operaciones en ese sentido, para que finalmente podamos incluso llegar a ganar en la posición perdedora del *hedge*.

Al soltar una punta debe tenerse cuidado de no tener otras operaciones abiertas, ya que al desbalancearse las operaciones del *hedge* se puede gatillar el *margin call* automáticamente, ya que para el *broker* una operación de una punta es garantía de la otra punta. Por esta razón el *hedge* no consume capacidad de apalancamiento.

La forma de detectar si el mercado ha llegado a dicho extremo en que está a punto de revertirse es observando el comportamiento del STOCHASTIC y el MACD de las gráficas de 1 hora y 4 horas.

¿Qué es lo malo del *hedging*?

Cuando las puntas se abren demasiado, puede tomar mucho tiempo cerrarlo, y por otra parte es un proceso difícil de llevar a cabo por la alta probabilidad de que un error de interpretación nos alargue el proceso de acercamiento a la punta perdedora y nos mantenga en una larga agonía.

Por supuesto que por razones obvias de su complejidad no es conveniente tener armado más de 1 *hedge*.

En este caso, lo mejor es dejar stand by este par de posiciones cruzadas, y seguir operando con el resto del capital *equity*, como si no existiesen. La idea es seguir realizando transacciones que vayan echando muchos dólares a la bolsa de la cosecha *equity*, para que incluso pueda hacer la pérdida completa del *hedge* si lo desea, sin que se afecte su capital original.

¿Cuál es el secreto para cerrar exitosamente un *hedging*?
Jamás cerrar ninguna punta con pérdida porque afectará inmediatamente al *equity*. Si decide hacerlo con pequeñas pérdidas debe ser porque ello le permitirá aprovechar un impulso que compensará esa pérdida, y a su vez le otorgara un avance en la tarea de acercar las puntas.

Solamente el acercar las puntas aportan U$ al *Equity*.

Los U$ cosechados al Balance es dinero falso porque no pasa al *Equity*, todo lo contrario, rebaja en esa misma cantidad al *Equity*. La razón de esto es porque si hay una punta ganadora, la punta perdedora se hizo mas negativa en esa misma cantidad de U$.

¿Quiere saber cómo se destroza un capital?
A pesar que hemos dicho hasta el cansancio que se debe tomar una sola posición a la vez, los principiantes suelen cometer la siguiente comedia de errores:

Se toma una posición en forma liviana o por exceso de impulsividad, y el mercado saldrá en sentido contrario a lo esperado. Cuando ya la pérdida va alcanzando el nivel del STOP, no nos resignamos a hacer retroceder nuestro capital. Entonces le quitamos el STOP, porque estimaremos que ya no podría retroceder mucho más y el mercado se encuentra "obviamente" a punto de revertirse. Cuando comprobamos atónitos que ha seguido bajando mucho mas allá de lo soportable y el mercado parece haber detenido su estampida para retomar la tendencia que nos conviene… esa vocecilla demoníaca nos sopla al oído :"…toma otra posición promediando precio en la misma dirección, porque el mercado realmente ahora sí que va a revertirse y recuperarías todo lo virtualmente perdido mucho más rápido". Como por supuesto la Ley de Murphy de los mercados hará continuar desplazándolo en dirección contraria, con tantas posiciones tomadas se llegará fácilmente a consumir casi todo el Margen Libre restante. Entonces, nuevamente esa vocecilla satánica le dirá: "Hazle un *hedging* para congelar todo antes que te reviente!!… y cuando pare el huracán, cierras la punta contraria y ganas todas las posiciones de vuelta".

Para colmo de males, al momento de hacer el *hedging*, las posiciones tomadas pondrán aun mas critica la situación de fondos restantes o *equity*, porque cada operación adicional consume Margen multiplicado por el numero de lotes.

Con el *hedging* múltiple se produce un efecto inmovilizador de la cuenta y se terminará en un desastre inminente, ya que nunca sabremos con certeza cual punta se deberá soltar para desarmar el "enredo" que hemos armado. No le quepa duda que Mr. Murphy se encargará que tan pronto suelte una punta, el mercado arrancará en sentido contrario y se gatillarán los *Margin Calls* que revientan la cuenta! …y una vez más **gana la banca**!!

Una manera de salir de esta situación es que se disponga de Margen Libre suficiente para resistir un repliegue

del mercado de a lo menos 1000 U$ por cada lote toma-
do, para estar "protegido", al momento que se decida a
soltar la punta que va ganando.

En todo caso, si cae en la tentación de *hedging*, debe ser
materializada la compra y la venta de idéntico número de
lotes, lo más cerca que sea posible uno de otro, de modo
que una vibración "normal" del mercado logre cerrar exitosamente ambas posiciones. Si el *hedge* es realizado muy
abierto, es decir con una gran variación entre la compra y
la venta, será muy difícil deshacerlo exitosamente.

CAPÍTULO XX

APRENDIENDO A CONOCERSE COMO ACTÚA

La potencia de la alimentación instantánea de datos a la gráfica es tan alta, que es un desafío ver las cosas realmente en perspectiva. Pero usted debe aprender a lograrlo, si desea sobrevivir y prosperar.

Visualizar cada operación actual como una de varias, le ayudará a mantener su disciplina y a bajar su "colesterol" emocional.

Pero hay una herramienta muy poderosa que realmente mejorará su desempeño más que cualquier otra cosa: La bitácora del operador.

Basta que lleve una tabla con observaciones acerca de las operaciones realizadas durante el día. Pero lo más importante es registrar sus ideas y sentimientos. Si tuvo dudas al momento de entrar en una operación, anótelo. Si siente terror una vez que está adentro, entonces tome nota de ello.

Cuando cierre una transacción anote porqué. **¿Dio una orden STOP? ¿Obtuvo ganancias? ¿Porqué? ¿Cómo se**

sintió al salir? ¿Cómo se siente ahora? Sólo toma unos pocos segundos registrar esos comentarios sobre sus operaciones, pero la información que obtendrá será de inmenso valor.

Al final de cada semana, preferentemente durante el fin de semana cuando los mercados están cerrados, revise sus registros de la semana. Puedo garantizarle que verá un patrón en su comportamiento. Probablemente descubrirá algo que está haciendo inconscientemente y que le está generando resultados negativos. Y una vez que haya identificado el problema, la solución generalmente se vuelve obvia.

Haga este ejercicio cada semana y también cada mes, para tener una perspectiva a largo plazo. Sólo usted puede hacer esto. Nadie puede cuidar de su negocio mejor que usted. Para tener éxito en esta aventura no necesita de un sistema perfecto, solo se requiere no cometer errores que pueden ser evitados!

Tal vez se sorprenda con los resultados. La clave del éxito está dentro de usted mismo.

BITÁCORA DE OPERACIÓN

Fecha

	ESPECIE	Tipo BuyiSell	REGLA 1 sesión USA	REGLA 2 apalanc. ok	REGLA 3 1 a la vez	REGLA 4 sólo MACD	REGLA 5 Armonía	REGLA 6 con STOP	REGLA 7 NO hedging	Resultado OK/KO	U$
1											
2											
3											
4											
5											
6											
7											
8											
9											
10											

COMENTARIOS GENERALES:

Comentarios:

No obstante a todo lo planteado en el capítulo anterior, el proceso de decisión en el *trading* debe acomodarse, pese a su necesaria rigurosidad, a una readaptación constante. Una nueva decisión rápida, un cambio de rumbo a tiempo, a menudo puede salvar una situación. Cuando una posición tomada dejó de gustarle debe permitirse la licencia para cerrarla con una pérdida corta, en vez de sostenerla hasta que se detone su STOP, por una cuestión de ego sin sentido.

"El que reconoce un error y no lo corrige, comete otro error aún mayor."
Confucio

Al final de cuentas, el *trading* más que una ciencia rigurosa... es un arte! El arte del buen *trader* consiste en saber reconocer cuál es el momento oportuno para actuar de un modo u otro.

Hay un experimento muy esclarecedor que sugiere que se debe desconfiar de cualquier forma de obstinación y saber adaptarse:

"Si se ponen diez abejas y diez moscas en una botella acostada con el fondo hacia una ventana, se verá que las abejas no dejarán de tratar de descubrir una salida a través del vidrio, hasta morir de agotamiento, mientras que las moscas, en menos de diez minutos, habrán salido por la boca, en el otro extremo. Es el amor ciego por la luz y su inteligencia, lo que provoca la muerte de las abejas en esta experiencia. Se imaginan, en apariencia, que la salida de la prisión debe encontrarse allí donde la luz es más

viva, y actúan en consecuencia, obstinándose en esa acción demasiado lógica. Para ellas, el vidrio es un misterio sobrenatural que nunca han encontrado en la naturaleza, y como no tienen experiencia alguna de esa atmósfera impenetrable, y su inteligencia está más desarrollada que la de las moscas, más inadmisible e incomprensible les resulta aquel obstáculo. Mientras que las ignorantes moscas, indiferentes tanto a la lógica como al enigma del vidrio, indiferentes a la atracción de la luz, vuelan frenéticamente en todos los sentidos y encuentran allí su buena fortuna, que sonríe siempre a los simples que encuentran su dicha allí donde los sabios perecen, terminando necesariamente por descubrir la abertura que les devuelve su libertad."

Siempre el dilema será: ¿debemos actuar como mosca o como abeja?

A pesar de todo lo dicho, es de esperar que igual ocurran errores. Pero la mejor actitud que debe tenerse frente a los errores es tener horror a equivocarse, pero hay que aceptar el error después de haberlo cometido, aunque lo más difícil de todo sea cortar a tiempo una pérdida.

Cuando se sufre una pérdida por STOP LOSS, hay que hacer tabla rasa, aceptarla, olvidarla y volver a empezar de nuevo desde cero. Es algo así como una intervención quirúrgica. Se requiere amputar el miembro infectado antes que sea demasiado tarde. Uno debe librarse como de la peste misma del querer recuperar a toda costa el dinero perdido. Esto es difícil de aceptar y son muy pocos los *traders* que consiguen actuar de este modo.

Una de las habilidades indispensables para el éxito es cultivar el sutil arte de olvidar los fracasos y mirar resueltamente el futuro. Los que no aprenden a dar vuelta la página suelen quedar atrapados por el espectro de sus antiguos errores. Cada fracaso contiene una preciosa enseñanza. Además, se aprende más de un fracaso que de un éxito si uno se plantea sanamente cuál fue la razón del fracaso y analiza sus ideas, sus métodos, y sus conceptos. Si se tiene una concepción justa del error y si se han analizado bien los motivos de un fracaso, mejor se comprenderá el camino al éxito.

CAPÍTULO XXI.

CONFECCIONANDO EL MAPA
DE LA RUTA A LA CIMA

El operar una cuenta de *trading* hay que entenderlo como un juego de probabilidades. Una leve inclinación de la balanza sistemáticamente a nuestro favor bastará para lograr la ansiada quimera de acumular una inmensa cantidad de dinero. Cualquier sistema que otorgue levemente una mayor probabilidad de ocurrencia en el sentido esperado servirá para este propósito.

Para tener ganancias se debe comprender que es natural tener pérdidas! Lo importante es que el balance final entre ganancias y pérdidas nos permita avanzar.

Pero, como dice un viejo adagio:

> **"Si sabe donde quiere llegar pero no toma el camino adecuado, llegará a cualquiera otra parte, pero no donde quería".**

Si sabe donde quiere llegar es imprescindible construir un mapa adecuado. Para ello es preciso traducir el resultado de nuestras operaciones a un "mapa" para saber la calidad del *trading* que estamos realizando. Por medio de este control sabremos cuanto rinden los éxitos y cuanto pierden las fallas, en promedio.

Siempre existirá el eterno dilema de cuando debemos cosechar una posición. Si vamos ganando unos pocos U$ por lote y nos conformamos con eso, cuando ocurra una pérdida por STOP detonado, no se podrá compensar. Es de extrema importancia este punto porque el resultado ponderado de éxitos y fallas deberá ser positivo. De otro modo nuestro *trading* nos llevará a la ruina. Mediante este control sabremos si es necesario dejar correr un poco más las ganancias o si debemos acortar las pérdidas para que finalmente el resultado ponderado arroje un resultado positivo en U$ por cada lote.

Lo ideal es que a lo menos cada próximo éxito sea mayor al promedio de los éxitos hasta ese momento. O que la pérdida que decida realizar porque dejó de gustarle la posición, sea menor a la pérdida promedio que muestra su estadística.

Para un sistema de *trading* de corto plazo como el propuesto, un *trader* con mediano *expertise* debiera poder lograr una proporción de éxitos sobre 60%.

Veamos que significa esto en cuanto a resultados en U$ por lote.

Para esta proporción de éxito/fallas, un punto de *break even* sería el siguiente:

Suceso	%	U$ / Lote
Éxitos	60,00%	6
Fallas	40,00%	-9
Total	100%	0,00

Como se puede apreciar, para obtener un resultado esperado positivo deberíamos subir el resultado de los éxitos. Pero se debe tener en cuenta que para un *trading* en gráficos de 5 minutos es difícil obtener que la media de los éxitos sea superior a 10 U$/lote, porque el pujo del mercado en este horizonte de tiempo puede ceder y se revierta. Por lo tanto se debería apuntar a subir en 1 U$/lote el resultado de los éxitos y bajar el resultado de las fallas en 1 U$/lote:

Suceso	%	U$ / Lote
Éxitos	60,00%	7
Fallas	40,00%	-8
Total	100%	1,00

Esta combinación de éxitos y fallas permite obtener un resultado esperado positivo de 1 U$ por lote, lo que desde ya sería bastante aceptable.

Por otra parte, de acuerdo a la serie de transacciones que hayamos realizado, también es interesante conocer la expectativa de resultado de la próxima operación, por cada U$ arriesgado:

Expectativa próxima transacción = (1 + Suma Ganancias / Suma de Pérdidas) x % Éxitos – 1 =

Este valor debe ser mayor que cero, ya que de otro modo se confirma que su sistema de *trading* lo llevará a la ruina.

Capital mínimo necesario

Seguramente habrá escuchado que para hacer dinero se requiere tener mucho dinero. Pero no se inquiete, en este caso eso no aplica. Determinaremos primero cual es el rango de capital que se requiere para partir.

Como al comienzo el principiante no tendrá una habilidad muy avanzada, tomaremos condiciones conservadoras para iniciar el proceso.

Lo primero es tener presente que la unidad mínima para transar es por lo general 1 lote en casi todas las especies.

PERFIL CONSERVADOR		
stoploss U$ lot	Nº lotes por cada U$1000	% pérdida
- 50	0,40	-2,00%
- 70	0,30	-2,10%
-80	0,25	-2,00%
-100	0,20	-2,00%
-150	0,14	-2,10%
-200	0,10	-2,00%

Definamos que para iniciarnos utilizaremos un Perfil Conservador de *Trading*, es decir que por cada transacción estaremos dispuestos a arriesgar una pérdida de -2% del capital propio inicial, y por otra parte elegiremos un STOP LOSS amplio de -200 U$/ lote.

De acuerdo a la Tabla anterior, para estas condiciones se obtiene un tamaño de transacción de 0,1 lote por cada U$ 1.000. Por lo tanto el capital para transar la unidad mínima de 1 lote será **U$ 10.000**

PERFIL MODERADO		
stoploss U$ lot	Nº lotes por cada U$1000	% pérdida
- 50	0,60	-3,00%
- 70	0,45	-3,15%
-80	0,38	-3,04%
-100	0,31	-3,10%
-150	0,20	-3,00%
-200	0,15	-3,00%

Siguiendo el mismo razonamiento, para un Perfil de *Trading* Moderado con 3% de pérdida por transacción y STOP de 150 U$ por lote, se obtiene que el tamaño de la transacción debe ser de 0,2 lotes por cada U$ 1.000. Por lo tanto, el capital para transar la unidad mínima de 1 lote será **U$ 5.000**

Podemos afirmar entonces que el capital mínimo necesario para comenzar será un monto **entre U$ 5.000 y U$ 10.000**

¿Qué tasa de rentabilidad podríamos esperar obtener?

Aplicando el sistema **Trading by Surfing**, con buenas horas de práctica es muy posible lograr una proporción 65% de éxitos y 35% de fallas. Por otra parte es perfectamente factible utilizar un Perfil de *Trading* Agresivo para determinar el tamaño de las transacciones.

Cuando trabajamos con un STOP LOSS de -100 U$/lote el tamaño de las transacciones será de 0,5 lotes por cada U$ 1.000. Al usar este nivel de STOP LOSS, esto no significa que todas las fallas tendrán esa magnitud. De toda la gama de fallas, la media se debería ubi-

PERFIL AGRESIVO		
stoploss U$ lot	N° lotes por cada U$1000	% pérdida
- 50	1,00	-5,00%
- 70	0,72	-5,04%
-80	0,63	-5,04%
-100	0,50	-5,00%
-150	0,34	-5,10%
-200	0,25	-5,00%

car en aproximadamente en -10 U$/lote. Por otra parte, los éxitos deberán irse guiando para obtener una media de a lo menos 7 U$/lote.

Suceso	%	U$ / Lote
Éxitos	65,00%	7
Fallas	35,00%	-10
Total	100%	1,05

Es decir, en promedio cada transacción debiera rendir un valor ponderado de 1,05 U$ por cada lote transado.

Veamos un ejemplo para un capital inicial de U$ 10.000.

Capital U$	10.000
Tamaño de la transacción	0,5 lotes por U$ 1.000
N° lotes por operación	5
Ganancia media por lote	1,05 U$
Ganancia media por operación	5,25 U$
N° operaciones por día	10
Ganancia por día	52,5 U$
N° sesiones por mes	22
Ganancia por mes	1.155
Rentabilidad mensual	11,55%

Cada transacción sería de un tamaño de 5 lotes y otorgaría una ganancia de U$ 5,25 por operación. Con el sistema propuesto se puede realizar una media de 10 operaciones en cada sesión, lo que daría un avance de U$ 52,50 por día.

Si consideramos que cada mes tiene 22 sesiones de bolsa, el avance mensual esperado para el primer mes será de U$ 1.155, lo que representa una Rentabilidad de un 11,55 % mensual como meta a obtener.

Reporte del *Broker*:

Afortunadamente el "mapa" de los resultados del *trading* lo entrega automáticamente el software MetaTrader4 y no será necesario que lo calcule en una Planilla Excel.

Como ejemplo, a continuación se presentan los resultados de una Cuenta Real de 228 transacciones, equivalentes a un mes de *trading* con el sistema *Trading by Surfing*:

Forex Capital Markets, LLC

Account: 81008147	Name: Jose Meli		Currency: USD		2010 July 23, 19:59

Summary:

Deposit/Withdrawal:	11 683.40		Credit Facility:	0.00		
Closed Trade P/L:	2 491.33		Floating P/L:	0.00	Margin:	0.00
Balance:	14 174.73		Equity:	14 174.73	Free Margin:	14 174.73

Details:

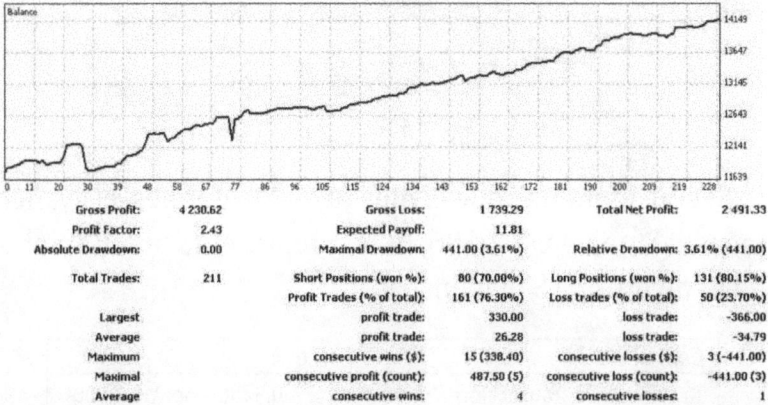

Gross Profit:	4 230.62		Gross Loss:	1 739.29	Total Net Profit:	2 491.33
Profit Factor:	2.43		Expected Payoff:	11.81		
Absolute Drawdown:	0.00		Maximal Drawdown:	441.00 (3.61%)	Relative Drawdown:	3.61% (441.00)
Total Trades:	211		Short Positions (won %):	80 (70.00%)	Long Positions (won %):	131 (80.15%)
			Profit Trades (% of total):	161 (76.30%)	Loss trades (% of total):	50 (23.70%)
Largest			profit trade:	330.00	loss trade:	-366.00
Average			profit trade:	26.28	loss trade:	-34.79
Maximum			consecutive wins ($):	15 (338.40)	consecutive losses ($):	3 (-441.00)
Maximal			consecutive profit (count):	487.50 (5)	consecutive loss (count):	-441.00 (3)
Average			consecutive wins:	4	consecutive losses:	1

Repasemos la nomenclatura utilizada por el *broker* en su reporte:

- Total de transacciones *(total trades)* = 211
- 161 transacciones exitosas *(Profit trades)* = 76,30%
- 50 transacciones fallidas *(Loss trades)* = 23,70%
- Resultado esperado *(expected payoff)* = 11,81 U$/ transacción
- Ganancia esperada *(Profit factor)* = 2,43 U$/lote
- Racha ganadora *(consecutive wins)* = 15 transacciones
- Racha perdedora *(consecutive losses)* = 3 transacciones.

Si llevamos estos datos a la planilla de control, tendríamos lo siguiente:

Cada transacción fue de un tamaño de 5 lotes y otorgó una ganancia de U$ 11,75 por operación. Con el sistema propuesto se realizó una media de 10 operaciones en cada sesión, lo que otorgó un avance de U$ 117,53 por día.

Suceso	%	U$ / Lote
Éxitos	76,30%	6,40
Fallas	23,70%	-10,40
Total	100%	2,42

Si consideramos que el mes tuvo 22 sesiones, el avance mensual fue de U$ 2.586, lo que representa una Rentabilidad de un 22,15 % mensual.

Capital U$	11.674
Tamaño de la transacción	0,5 lotes por U$ 1.000
Nº lotes por operación	4,86
Ganancia media por lote	2,42 U$
Ganancia media por operación	11,75 U$
Nº operaciones por día	10
Ganancia por día	117,53 U$
Nº sesiones por mes	22
Ganancia por mes	2.586
Rentabilidad mensual	22,15%

CAPÍTULO XXII

CÓMO EVOLUCIONAR HACIA EL MILLÓN DE DÓLARES

El secreto del interés compuesto

Albert Einstein dijo alguna vez que el interés compuesto es una de las fuerzas más poderosas que existe en nuestra galaxia.

Se llama interés compuesto al proceso de ir acumulando al capital los intereses que éste produce, de forma que los intereses produzcan intereses a su vez. En otras palabras, es el resultado que se obtiene cuando al capital se le suman periódicamente los intereses producidos reinvirtiendo sucesivamente el resultado. Así, al final de cada período, el capital que se obtiene es el capital anterior más los intereses producidos por ese capital en dicho período.

Si se mantiene un capital bajo interés compuesto en un largo período de tiempo se incrementará más de lo que uno se pueda imaginar.

Al invertir nuestro dinero permitiendo que crezca con tasas de interés compuesto, inexorablemente llegaremos a ser ricos en dinero.

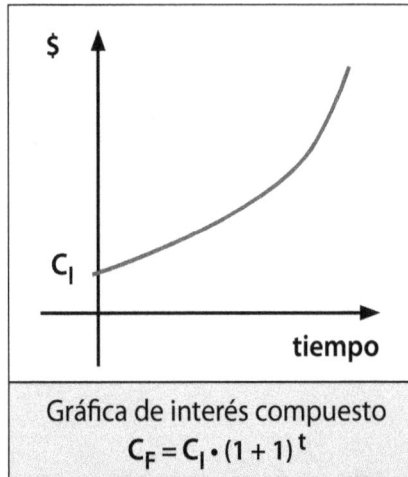

Gráfica de interés compuesto
$$C_F = C_I \cdot (1 + 1)^t$$

Por todo lo dicho anteriormente es necesario destacar la importancia de reinvertir nuestro capital e intereses de manera periódica y continua. Solo procediendo de esta manera veremos incrementado nuestro patrimonio en forma exponencial en el futuro.

Solo hay que ser perseverantes y al final quedaremos sorprendidos por la magia del interés compuesto.

En la tabla siguiente se muestra como podría ser la evolución que puede tener un capital de U$ 10.000 hasta alcanzar U$ 1.000.000, lo cual sería posible de lograr en un período de alrededor de 43 meses, si se logra una tasa de rentabilidad mensual reiterativa de alrededor de 11,50%.

Recordemos que el tamaño de las transacciones irá aumentando al aplicar 0,5 lotes por cada U$ 1.000 de capital disponible para invertir:

Como se podrá apreciar, existe una forma concreta para convertir U$ 10.000 en 1 Millón de Dólares. Aplicando lo enseñado en este libro el lector podría entrenarse para

Tiempo en meses	Capital U$	N° lotes por transacción	Transacciones por día	N° lotes por día	Avance mensual	% Rentabilidad mensual
0	10.000	5	10	50	1.155	
1	11.155	5	10	50	1.155	11,55%
2	12.310	6	10	60	1.386	10,35%
3	13.696	6	10	60	1.386	11,26%
4	15.082	7	10	70	1.617	10,12%
5	16.699	8	10	80	1.848	10,72%
6	18.547	9	10	90	2.079	11,07%
7	20.626	10	10	100	2.310	11,21%
8	22.936	11	10	110	2.541	11,20%
9	25.477	12	10	120	2.772	11,08%
10	28.249	14	10	140	3.234	10,88%
11	31.483	15	10	150	3.465	11,45%
12	34.948	17	10	170	3.927	11,01%
13	38.875	19	10	190	4.389	11,24%
14	43.264	21	10	210	4.851	11,29%
15	48.115	24	10	240	5.544	11,21%
16	53.659	26	10	260	6.006	11,52%
17	59.665	29	10	290	6.699	11,19%
18	66.364	33	10	330	7.623	11,23%
19	73.987	36	10	360	8.316	11,49%
20	82.303	41	10	410	9.471	11,24%
21	91.774	45	10	450	10.395	11,51%
22	102.169	51	10	510	11.781	11,33%
23	113.950	56	10	560	12.936	11,53%
24	126.886	63	10	630	14.553	11,35%
25	141.439	70	10	700	16.170	11,47%
26	157.609	78	10	780	18.018	11,43%
27	175.627	87	10	870	20.097	11,43%
28	195.724	97	10	970	22.407	11,44%
29	218.131	109	10	1090	25.179	11,45%
30	243.310	121	10	1210	27.951	11,54%
31	271.261	135	10	1350	31.185	11,49%
32	302.446	151	10	1510	34.881	11,50%
33	337.327	168	10	1680	38.808	11,53%
34	376.135	188	10	1880	43.428	11,50%
35	419.563	209	10	2090	48.279	11,55%
36	467.842	233	10	2330	53.823	11,51%
37	521.665	260	10	2600	60.060	11,50%
38	581.725	290	10	2900	66.990	11,51%
39	648.715	324	10	3240	74.844	11,52%
40	723.559	361	10	3610	83.391	11,54%
41	806.950	403	10	4030	93.093	11,53%
42	900.043	450	10	4500	103.950	11,54%
43	1.003.993	501	10	5010	115.731	11,55%

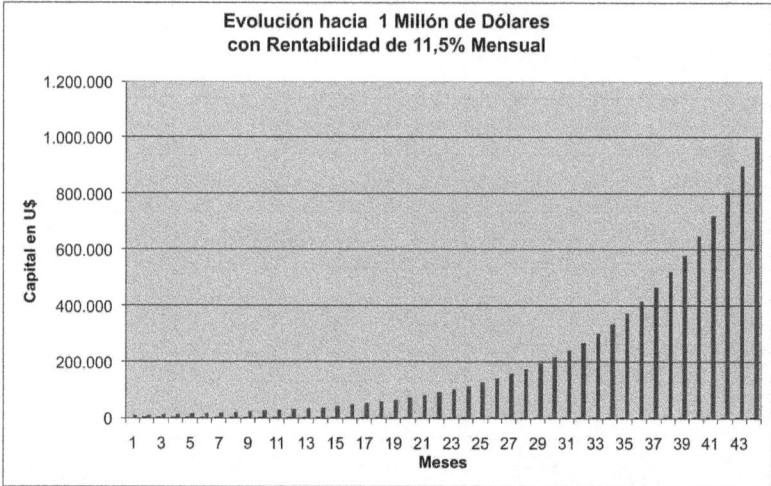

Evolución hacia 1 Millón de Dólares
con Rentabilidad de 11,5% Mensual

producir una rentabilidad mensual alrededor de 11,5% o superior. Si persevera y no le tiembla la mano cuando sus posiciones vayan siendo cada día de un mayor volumen de lotes, podría llegar a acumular en su cuenta la dorada suma de 1 Millón de U$.

CAPÍTULO XXIII.

COMENTARIO ACERCA DEL TAMAÑO DE LAS TRANSACCIONES

Dicen que en la disciplina del *trading* también se aplica el Principio de Peter: *"En la carrera de trader, cada persona transa incrementando el tamaño de sus posiciones hasta alcanzar su nivel de incompetencia".*

El tamaño de las posiciones debiera depender finalmente del monto disponible para invertir en la cuenta de *trading,* porque como lo vimos en la página 95, uno debe diseñar la operación tomando en consideración el Perfil de *Trading* que va a realizar, agresivo, medio o conservador, y por otra parte el nivel de STOP que lo hace sentir cómodo. Así se determina el nº de lotes por cada U$ 1.000 que debiera tener su transacción y por lo tanto, su capital dividido por 1.000 y multiplicado por ese nº de lotes debiera ser el tamaño de la posición en lotes totales.

Pero parece ser que cuando se transan posiciones con un número bajo de lotes, es decir con un apalancamiento bajo, es más fácil que las cosas resulten correctamente. Todo lo que hagamos sale bien y seremos ganadores. El dinero fluye hacia nosotros y se acumula en la cuenta.

Pero cuando se incrementa el tamaño de las posiciones al trabajar con un número mayor de lotes pasa algo extraño. Curiosamente el *trading* se tornará más difícil y probablemente comenzaremos a perder en vez de ganar. Para que no ocurra esto deberemos ir paso a paso. Todo dependerá de como hagamos el incremento. Del mismo modo que los levantadores de pesas en su entrenamiento de arranque, deberemos ir subiendo poco a poco el peso a levantar.

El entrenamiento para la transición deberá ser realizado con pequeños incrementos y se mantendrá entrenando en cada escalón un buen tiempo hasta que sienta la soltura suficiente como para pasar al siguiente peldaño.

Nuestra mente en este aspecto funciona de la misma forma, como si fuera un músculo. Puede manejar exitosamente sólo un incremento gradual en el riesgo que asume en el mercado. Pero un salto brusco en el tamaño de las posiciones provoca una perturbación en la percepción del mercado que indefectiblemente la alterará, y la hará cometer errores.

Lo importante es llegar a encontrar un número de lotes para transar que nuestra mente pueda aceptar y que nos haga sentir cómodos. Luego gradualmente podremos ir aumentando el número de lotes poco a poco. Si pequeñas posiciones pueden ser transadas con éxito, con graduales incrementos también se podrá llegar a lograr el éxito con posiciones de tamaños mayores. Es un proceso de crecimiento muy arduo que se debe realizar, pero totalmente posible de lograr.

El punto es, ¿por qué ocurre este fenómeno del tamaño de las posiciones? ¿Por qué es fácil ser tan exitoso como cuando se transan posiciones pequeñas y tan difícil transar grandes tamaños? ¿Qué fuerzas misteriosas se desafían al incrementar la escala de nuestras transacciones?

La razón reside internamente en nuestro ego. El ego no puede convencerse que no esté preparado para ser un gran *trader* y no se contenta con tener éxito sólo transando posiciones pequeñas. Nuestro ego se hincha en la misma proporción que asumimos riesgo. Se siente importante. A nuestro ego le gusta agrandarse transando en mayor dimensión de lo que somos capaces de hacerlo exitosamente.

Pero el dolor que sufre el ego frente a una falla parece incrementarse exponencialmente con el tamaño de la transacción. Si normalmente transamos un nivel de lotes y pasamos a transar el doble, el grado de dificultad para actuar ágilmente cuando hemos cometido un error no es el doble, sino quizás muchas veces mayor. El tratar de evitar ese gran dolor es lo que impide actuar rápido para corregir el error cuando nos equivocamos, cosa que no pasa cuando las transacciones son de menor tamaño, ya que no importará perder unos pocos dólares.

Se produce una especie de parálisis cuando uno se da cuenta del error cometido y vemos que la pérdida comienza a crecer. Para el ego es demasiado doloroso admitir este fracaso. Prefiere negarse y posponer hasta último minuto el enfrentarse con la triste realidad de haberse equivocado.

Perder el miedo y concentrarse en la operación misma que se está desarrollando en la gráfica es la clave, y no distraerse con la carga emocional de los dólares involucrados, sin importar si es grande o es pequeña. Ningún *trader* tiene problemas para tomar las utilidades cuando va ganando. Pero el desarrollar la habilidad de cortar una pérdida a tiempo es lo que realmente separa a los *traders* exitosos del resto. Esto tiene que ver con la facilidad que tenga nuestro ego de reconocer que estaba equivocado. Un *trader* con un ego bajo control, cortará sin problemas una pérdida.

Un verdadero *trader* no puede jamás permitir que su ego domine sus decisiones de *trading*. Los mercados son implacables y no tendrán misericordia.

CAPÍTULO XXIV.

RESUMEN Y CONCLUSIONES

El *trading* en los mercados es sin duda uno de los fenómenos más interesantes de este mundo. Es un fenómeno social en el cual participan fuertemente las emociones de los participantes al momento del remate de los instrumentos transados. Los individuos se sumarán a la euforia del alza, impulsando los precios más arriba aún de su verdadero valor, o se sumarán al pánico de venta, para ponerse a salvo frente a una caída del precio, acelerando así más aún su caída. Siempre tras la euforia llega el desencanto. A cada momento nacen nuevos ciclos con impulsos al alza o a la baja, y aunque el desempeño general de los mercados sea boyante o escuálido, nunca dejarán de existir ciclos ya que, debido a su propia naturaleza, definitivamente éste es un juego infinito que no podrá terminar jamás.

Aprender a realizar el *trading* en los mercados es un duro camino plagado de momentos de exaltación producidos por éxitos efímeros y momentos de profunda angustia desgarrados por rachas de pérdidas que esfuman el capital.

En el proceso de descubrir una forma de transitar en los mercados me estrellé muchas veces y reduje a la nada la cuenta de *trading*, pero siempre volvía a la carga una y otra vez, intentándolo una vez más. Mi *trading* fue mejorando lentamente hasta llegar al punto crucial en que me di cuenta que la clave para ganar no dependía en gran medida de un sistema genial que se aplicara, ni del mercado, sino que residía dentro de uno mismo.

Un *trader* sereno y relajado puede concentrarse en las transacciones más seguras y provechosas, controlando siempre el riesgo al que somete su capital al aplicar su Plan de *Trading*. El éxito en el *trading* depende mayormente de las buenas prácticas que apliquemos y de la parte sicológica de cada persona, mucho más que de su sistema para transar.

Paradójicamente, el objetivo de un buen *trader* no debe ser ganar dinero. Su objetivo debe ser realizar bien su tarea de *trading*. Hacerlo bien es más importante que ganar dinero, porque si lo logra tendrá una fuente de ingresos a su disposición y el dinero vendrá por añadidura. Los verdaderos *traders* no cesan nunca de entrenar sus habilidades para alcanzar lo mejor de sí mismos. Para llegar a ser un buen *trader* se debe trabajar duramente, ser disciplinado y astuto. Este es un camino continuo sin fin, porque la iluminación para un *trader* viene como en oleadas. Hay períodos de gran avance, seguidos de períodos más opacos. El *trading* es una experiencia de crecimiento interior que dura toda la vida. La perseverancia y el instinto de superación es la marca de un *trader* exitoso. Se debe desarrollar una gran disciplina personal para atenerse al propio Plan de *Trading* y evitar atolondrarse ante los imprevistos del mercado.

Los *traders* profesionales se diferencian de los aficionados porque se concentran en el largo plazo, no están excitados durante el *trading* y se mantienen en pleno control de sus emociones.

La mayoría de los aficionados se sienten genios tras una racha ganadora. Es excitante creer que uno es tan bueno que puede saltarse sus propias reglas.

Los perdedores que experimentan el ansia por jugar, toman decisiones impulsivas porque son adictos a la excitación que produce el juego. Realizan exceso de transacciones y cuando comienzan a fallar, intentan salir del agujero haciendo nuevas operaciones de mayor riesgo que los hunden más aun. Los perdedores no pueden parar de transar.

Es común observar que los *traders* no siempre llegan a las mismas conclusiones a partir de la misma información analizada, porque este oficio se asemeja al arte de tocar el violín; mucha gente lo practica, pero pocos logran ser virtuosos. Aun cuando puede variar la calidad de los intérpretes de la partitura del mercado bursátil, la diferencia de interpretación radica en el grado de entendimiento del mercado, el cual se irá desarrollando en la medida en que se practique. Por otra parte, la naturaleza humana se encargará de que, aunque el *trader* posea el conocimiento de lo que debe hacer, finalmente tendrá que librar una lucha consigo mismo para no dejarse arrastrar por sus emociones, las cuales pueden impedir lograr el éxito en los mercados.

Siempre se podrá desarrollar nuevos sistemas de análisis, unos mejores que otros, pero el éxito en el mercado se deberá más a la aplicación sistemática y rigurosa de un conjunto de buenas prácticas de gran sentido común, que al sistema en sí mismo.

Como hemos visto en el desarrollo de este libro, existe la forma de lograr rentabilidades mayores que las tradicionales transando un instrumento muy flexible denominado Contrato por Diferencia o CFD. Este mercado constituye actualmente una gran red mundial que rodea todo el planeta, para transar cualquier especie que nos imaginemos, acciones, índices bursátiles o *commodities*.

El grado de apalancamiento que ofrece el *broker*, la incomparable liquidez de este mercado y la actividad sin descanso 24 horas al día, 5 días la semana hacen de este mercado el paraíso ideal para los *traders*.

Escalar un pequeño capital hacia la cima de 1 Millón de Dólares es supuestamente posible mediante la magia del interés compuesto en un plazo de aproximadamente 43 meses, a una tasa de rentabilidad de 11,5% promedio.

Pero siempre nos acechará la pregunta: ¿…será sensato no retirar capital si fuéramos ganando a este ritmo? Si fuésemos capaces de generar esta riqueza cada mes ¿… tiene realmente sentido dejarla adentro, sólo por el desafío sin sentido de llegar prontamente a 1 Millón de U$ en la cuenta?

Cuando se hacen bien las cosas, es importante otorgarse una recompensa. Pero dicha recompensa debe ser traducida a cosas concretas. Más dinero en la cuenta de *trading* no es un ítem tangible. Tomar una merecidas vacaciones, comprarse algún objeto añorado, o cambiar el auto, sí que es una recompensa tangible. No se considera una recompensa el tomar más riesgo transando ese dinero en el mercado. Recuerde que la única forma de no estar expuesto al riesgo, es estar líquido y afuera del mercado.

Tomando en cuenta además, que por muy bueno y serio que sea el *broker* elegido, nuestra fortuna dependerá de su solvencia económica y estados financieros. Entonces, quizás lo más sensato sería que, una vez escalado el capital hasta los primeros U$ 100.000, cosa que debiese tomar aproximadamente 24 meses, se retirase mensualmente el 50% del avance mensual, y el resto permaneciera en ésta máquina de *trading*, produciendo rentabilidad. Esto le permitiría disponer de una suma importante mensualmente como para poder vivir de ella y además podría colocarla fuera del sistema, en otro tipo de inversiones tales como bienes raíces u otras.

Curiosamente, poniendo esto en práctica, en un plazo levemente mayor, aproximadamente 51 meses en vez de 43 meses, podría tener acumulado U$ 500.000 en su cuenta de *trading* y otros U$ 500.000 retirados, fuera del sistema e invertido en bienes más tangibles. *Tabla de evolución hacia 1 Millón de U$, con retiros del 50% en página siguiente.*

El *trading* en los mercados es una experiencia embriagadora que puede llegar a ser adictiva y solitaria. Por esta razón es que tengo ciertos reparos en entusiasmar a gente

Tabla de evolución hacia 1 Millón de U$, con retiros del 50%

TIEMPO EN MESES	CAPITAL U$	Nº LOTES POR TRANSACCIÓN	TRANSACCIONES POR DÍA	Nº LOTES POR DÍA	AVANCE MENSUAL	% RENTABILIDAD MENSUAL	RETIROS U$	U$ RETIRO ACUM
0	10.000	5	10	50	1.155,00			
1	11.155	5	10	50	1.155,00	11,55%		
2	12.310	6	10	60	1.386,00	10,35%		
3	13.696	6	10	60	1.386,00	11,26%		
4	15.082	7	10	70	1.617,00	10,12%		
5	16.699	8	10	80	1.848,00	10,72%		
6	18.547	9	10	90	2.079,00	11,07%		
7	20.626	10	10	100	2.310,00	11,21%		
8	22.936	11	10	110	2.541,00	11,20%		
9	25.477	12	10	120	2.772,00	11,08%		
10	28.249	14	10	140	3.234,00	10,88%		
11	31.483	15	10	150	3.465,00	11,45%		
12	34.948	17	10	170	3.927,00	11,01%		
13	38.875	19	10	190	4.389,00	11,24%		
14	43.264	21	10	210	4.851,00	11,29%		
15	48.115	24	10	240	5.544,00	11,21%		
16	53.659	26	10	260	6.006,00	11,52%		
17	59.665	29	10	290	6.699,00	11,19%		
18	66.364	33	10	330	7.623,00	11,23%		
19	73.987	36	10	360	8.316,00	11,49%		
20	82.303	41	10	410	9.471,00	11,24%		
21	91.774	46	10	460	10.626,00	11,51%		
22	102.400	51	10	510	11.781,00	11,58%	5.891	5.891
23	108.291	54	10	540	12.474,00	5,75%	6.237	12.128
24	114.528	57	10	570	13.167,00	5,76%	6.584	18.711
25	121.111	60	10	600	13.860,00	5,75%	6.930	25.641
26	128.041	64	10	640	14.784,00	5,72%	7.392	33.033
27	135.433	67	10	670	15.477,00	5,77%	7.739	40.772
28	143.172	71	10	710	16.401,00	5,71%	8.201	48.972
29	151.372	75	10	750	17.325,00	5,73%	8.663	57.635
30	160.035	80	10	800	18.480,00	5,72%	9.240	66.875
31	169.275	84	10	840	19.404,00	5,77%	9.702	76.577
32	178.977	89	10	890	20.559,00	5,73%	10.280	86.856
33	189.256	94	10	940	21.714,00	5,74%	10.857	97.713
34	200.113	100	10	1000	23.100,00	5,74%	11.550	109.263
35	211.663	105	10	1050	24.255,00	5,77%	12.128	121.391
36	223.791	111	10	1110	25.641,00	5,73%	12.821	134.211
37	236.611	118	10	1180	27.258,00	5,73%	13.629	147.840
38	250.240	125	10	1250	28.875,00	5,76%	14.438	162.278
39	264.678	132	10	1320	30.492,00	5,77%	15.246	177.524
40	279.924	139	10	1390	32.109,00	5,76%	16.055	193.578
41	295.978	147	10	1470	33.957,00	5,74%	16.979	210.557
42	312.957	156	10	1560	36.036,00	5,74%	18.018	228.575
43	330.975	165	10	1650	38.115,00	5,76%	19.058	247.632
44	350.032	174	10	1740	40.194,00	5,76%	20.097	267.729
45	370.129	185	10	1850	42.735,00	5,74%	21.368	289.097
46	391.497	195	10	1950	45.045,00	5,77%	22.523	311.619
47	414.019	206	10	2060	47.586,00	5,75%	23.793	335.412
48	437.812	218	10	2180	50.358,00	5,75%	25.179	360.591
49	462.991	231	10	2310	53.361,00	5,75%	26.681	387.272
50	489.672	244	10	2440	56.364,00	5,76%	28.182	415.454
51	517.854	258	10	2580	59.598,00	5,76%	29.799	445.253

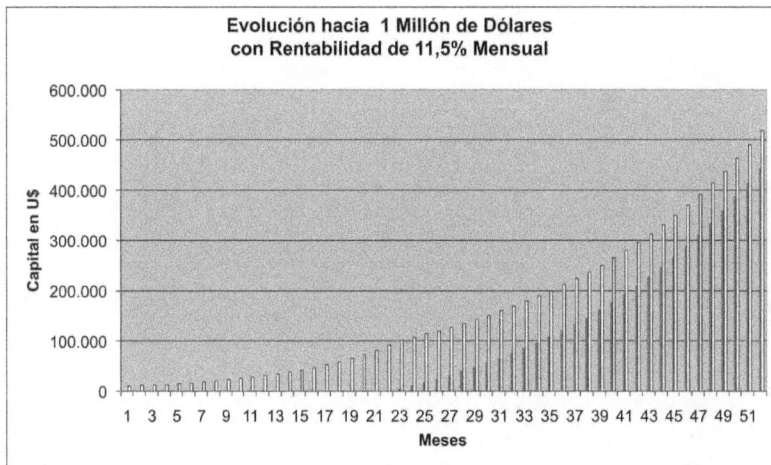

**Evolución hacia 1 Millón de Dólares
con Rentabilidad de 11,5% Mensual**

muy joven en esta disciplina, ya que la prioridad es que primero estudien para llegar a ser profesionales y trabajar, antes de dedicarse al *trading*.

El trabajo es el esfuerzo aplicado, es aquello a lo cual consagramos nuestras energías para lograr algo útil. Reside en hacer cosas de las que pueda uno enorgullecerse y disfrute realizándolas. Es la verdadera fuente de sustento que le permitirá ahorrar un capital para partir. Porque a través de un trabajo bien realizado podrá socializar y realizarse como persona, disponer de las mejores energías para formar pareja y armar una familia que será el vehículo para las vivencias y satisfacciones más grandes que brinda la vida.

CAPÍTULO XXV

DIVAGACIONES FINALES

Escribo estas líneas en el silencio de la noche. La ciudad está en calma y ya han cesado todos sus ruidos, mientras armo lentamente estas frases finales.

Confieso que con lo que he perdido en todos estos años tratando de descubrir las reglas básicas que se entregan en este libro podría haber pagado el Curso de Bolsa más caro del mundo... pero no tendría el mismo valor. Ha sido un camino largo pero satisfactorio el haber penetrado los misterios del *trading* por mí mismo, ya que es una experiencia personal que merece vivirse. Dicen que se debe aprender a perder para ganar.

Tal como se expuso, la ambición ciega por el dinero no tiene sentido si no se enmarca dentro de una ética y con el propósito de compartir las ganancias especialmente obtenidas por especulación, en el desenvolvimiento de nuestras actividades diarias. La especulación es una actividad que por sí misma produce beneficios marginales para la sociedad, ya que permite obtener ventaja de las posiciones de precios de las especies transadas, "sin producir" en la forma tradicional un bien físico o un servicio tangible. Por supuesto, no podemos dejar de reconocer que la especulación aporta un capital golondrina al sistema permitiendo el financiamiento y crecimiento de las empresas de las que se compran acciones, lo cual es beneficioso y, por otra parte, también le otorga mayor liquidez al sistema.

Una manera de conciliar esta forma de acumular dinero con la ética social, podría ser, por ejemplo comprometerse en forma generosa y activa en compartir el 10% de las ganancias obtenidas mediante la especulación, y distribuirlas al sistema a través de las diferentes situaciones que nos toca vivir a diario, de acuerdo a la sensibilidad de cada cual.

El desafío está lanzado. Aquí tiene el lector una herramienta en sus manos con la cual, si se esmera y persevera, puede vencer en la contienda de los mercados y acumular dinero.

Esta es una invitación para comprometerse en forma voluntaria a devolver una parte al sistema. Una de las leyes más misteriosas del éxito consiste en dar a los otros una parte de las propias ganancias.

Está apareciendo una nueva generación de millonarios que está invirtiendo su dinero en beneficio de los demás. Los hombres más ricos del mundo se están convirtiendo en filántropos, como lo muestra la historia de sus vidas. Quizás la felicidad sea la clave de este misterio. El dinero por definición debe circular, ser redistribuido.

Quizás esta sea una forma especial de practicar el acto de dar que todos conocemos y que tan pocas personas practican. Su origen es muy remoto y es recomendado en muchas antiguas culturas. Esta práctica se está haciendo ampliamente conocida hoy en día, pero lo que no es muy bien comprendido es el principio espiritual que lo rige. El secreto que subyace tras la práctica del dar, es el de comprender que el único origen de nuestro suministro en este plano físico es Divino. Nuestro empleo, o las inversiones, o los negocios exitosos no representan sino los canales a través de los cuales se manifiesta en nuestras vidas. El devolver una parte al sistema es un acto de fe. En la medida que se practica se desvanecen todos lo temores, a la vez que se reafirma la fe.

El tema del dar es significativo ya que por el estilo egoísta en que hemos sido formados en nuestra sociedad, inevitablemente tendremos aquel sentimiento de duda acerca de hacerlo con convicción. Hemos sido formados pragmáticos. Tocamos el mundo material con nuestras manos y nos cuesta creer en otra cosa que no sea lo tangible. El sentimiento de que alguien se esté burlando en silencio de nosotros al practicar la retribución de dar, nos acecha desde algún rincón y las dudas nos persiguen.

La práctica del dar por motivos espirituales es la prueba concreta que nos hemos entregado y que hemos aceptado la idea de dar en forma espontánea, y la consecuencia inevitable de dicha aceptación es la prosperidad visible.

Es fácil distinguir entonces la diferencia que existe entre la práctica del dar en forma convencida espiritualmente y la otra, material e inútil, a menudo de mala gana o respondiendo a una imagen de un Dios castigador que nos enviará maldiciones si no contribuimos, o por otra parte con el objetivo de ser retribuido en mayor medida de la que damos.

Si logramos practicarlo como una expresión de justicia espiritual, el dar es un éxito inevitable. No obstante, no faltará aquél que quiere aprovecharse de este mecanismo inmanente para lucrar, ya que se sostiene que el dar, es una receta infalible en el sentido que lo que se aporta regresará multiplicado!! Como inversión egoísta, va al fracaso seguro.

Para aquellos que se atrevan a dar el diez por ciento de sus ganancias, sin cuestionárselo, sino simplemente porque sienten espontáneamente que así debe ser, encontrarán que su prosperidad aumenta a tal punto que todo temor de pobreza desaparece.

La práctica del dar comienza cuando se produce en la persona un cambio del estado de conciencia que le hace ver lo bueno que es practicarlo. El dar por una supuesta obligación, es dar con temor y eso malogra la acción, ya que jamás el temor ha engendrado prosperidad.

La conexión entre el dar y la prosperidad es, después de todo, simplemente la expresión de aquella ley que expresa que lo que nosotros le hacemos al Universo, el Universo nos lo devuelve. Lo que damos, con generosidad o egoísmo, lo recibiremos en respuesta. Lo que sembramos, cosecharemos.

(Lucas 6:38) *"Dad y se os dará; una medida buena, apretada, remecida, desbordante, porque la medida que empleareis para con los demás, ésa misma recíprocamente se empleará para con vosotros"*

(Proverbios 3:9,10) *"Honra al Señor con su sustancia, con los primeros frutos de tu abundancia, y tus graneros rebosarán y tus bodegas reventarán con vino nuevo"*

Una anécdota personal...

En una oportunidad, cometí un terrible error de digitación en una transacción. En vez de tomar seis lotes de EURUSD (0,6 unidades) en una transacción tomé por equivocación 60 unidades, es decir 100 veces más de lo planeado!! Esto ocurrió porque anteriormente había realizado una transacción en ORO XAU_USD en la que 6 lotes eran 60 unidades, quedando predeterminado esa cantidad de unidades en la plataforma para la siguiente transacción. Para mi capital esto significaba un apalancamiento extremo de más de 60 veces!!

Mientras me resistía a corregir el error con una pérdida inmediata de ejecutar un STOP de 3% del capital, que sería lo sensato en esta circunstancia, salió una noticia que hizo caer el mercado a niveles de pérdida que ya no era capaz de afrontar...-U$ 1.500 era demasiado. Pero todo fue empeorando. Sin pausa, el mercado siguió cayendo esa tarde hasta llegar al borde de detonar el cierre de las posiciones, lo que significaba una pérdida de más del 90% de mi capital...

Al cerrar Wall Street pareció llegar algo de calma a los mercados y detuvo su caída. Me fui a casa abatido. Esa noche desde mi hogar me quedé vigilando mi funeral. Pasada la medianoche me vencía el cansancio y ya no pude más. Me entregué y lo dejé en las manos de la Dios, ... que fuera su voluntad. Prometí que si me salvaba de esa situación, a partir de ese día, un 10% de los retiros de las ganancias, lo destinaría a donaciones y ayuda. O sea, le ofrecí ser mi socio con participación del diez por ciento, si me tenía misericordia esta última vez. Esa noche no pude dormir, pero tampoco tenía el valor de levantarme a mirar la pantalla del computador... Ya de madrugada me sumí en un profundo sueño. Cuando me desperté en la mañana me arrastré como pude hasta la pieza del computador para ver la cuenta... Al mirar el terminal ...no podía creer lo que estaba viendo: El milagro se había producido! El precio se había recuperado al nivel de entrada y el capital estaba intacto. Yo tendría una nueva oportunidad de hacer las cosas bien de ahí en adelante. Ahora tenía un "Socio" importante.

Para terminar esta anécdota: Yo comencé mi cuenta personal con un monto de capital de U$ 11.764... aplicando esta técnica del *Trading by Surfing* logré terminar el primer mes, con ganancias netas sobre los dos mil trescientos dólares. Al computar un retiro de ganancias por U$ 2.000 en mi planilla Excel de control, tomé nota del cambiante monto del *Equity* de la cuenta porque tenía operaciones abiertas (leí U$ 13.789) y decidí además rebajar U$ 25, que supuse cobraría el *broker* como costo del banco por la transferencia (después me enteré que el costo era U$ 40). Al realizar la fórmula en la planilla Excel, la cifra remanente arrojó una cifra que me dejó atónito! No podía creerlo! Era exactamente la misma cifra con que había comenzado: U$ 11.764 ! Ni un dólar más, ni un dólar menos! Increíble juego de números! Como es posible que pudiera darse un coincidencia tan intrincada como ésta?

Prefiero pensar que fue la forma que tuvo mi "Socio" para comunicarse conmigo, para hacerme saber que tengo su compañía y que no debo olvidarlo nunca. No me cabe dudas que existe la dimensión mágica!!... el que no la descubre, se pierde la parte más entretenida de la vida!

Debo agregar, finalmente, que, si tan sólo una persona de todos los que triunfen en la contienda bursátil, se compromete con el desafío de compartir, entonces el propósito de este libro habrá tenido plenamente sentido.

Lo último que me queda por decir, es algo que debe ser evidente para cualquier lector. Lo que he escrito, en su mayor parte no ha salido de mi mente sino de muchas fuentes. Aparte de algunos comentarios por los cuales asumo la responsabilidad correspondiente, todo lo demás proviene de otros intelectos que han sido los que realmente tienen el mérito, siendo mi principal labor la de haber dado coherencia a esta presentación.

Quiero agradecer especialmente a Uri Trajman de BN Publishing por haber sembrado la semilla para que este libro naciera a la luz. Agradezco a mi gran amigo Juan Rodolfo Ulloa, y a mi hermano Conrado, quienes con su pasión por este tema siempre han enriquecido las discusiones y me han obligado a superarme como *trader*.

CAPÍTULO XXVI.

ACERCA DEL DAR Y EL AGRADECER

"Entonces, un hombre rico le dijo: Háblanos del dar...
Y él contestó:
Dáis muy poca cosa cuando dáis de lo que poseéis.
Cuando dáis algo de vosotros mismos,
es cuando realmente dáis.
¿Qué son vuestras posesiones
sino cosas que atesoráis por miedo a necesitarlas mañana?
¿Y qué es el miedo a la necesidad, sino la necesidad misma?
Hay quienes dan poco de lo mucho que tienen
y lo dan buscando el reconocimiento,
y su deseo oculto malogra sus regalos.
Y hay quienes tienen poco y lo dan todo.
Son éstos los creyentes en la magnificencia de la vida,
y su cofre nunca está vacío.
Hay quienes dan con alegría y esa alegría es su premio.
Hay quienes dan con dolor y ese dolor es su bautismo.
Hay quienes dan y no saben del dolor de dar,
ni buscan la alegría de dar, ni dan conscientes de la virtud de dar.

Dan como, en el hondo valle, da el mirto su fragancia al espacio.
A través de las manos de los que son como ésos,
Dios habla y, desde el fondo de sus ojos, sonríe sobre la tierra.
Es bueno dar algo cuando se ha pedido,
pero mejor es dar sin demanda, comprendiendo.
Y, para la mano abierta,
la búsqueda de aquel que recibirá es mayor goce que el dar mismo.
Todo lo que tenéis será dado algún día.
Dad, pues, ahora que la estación de dar es vuestra,
y no de vuestros herederos.
Decís a menudo: "Daría, pero sólo al que lo mereciera..."
¿Y, quiénes sois vosotros para que los hombres os muestren su seno y
descubran sus merecimientos desnudos y su orgullo sin confusión?
Mirad primero si vosotros mismos merecéis dar
y ser un instrumento del dar.
Porque, a la verdad, es la vida la que da a la vida,
mientras que vosotros, que os creéis dadores,
no sois sino meros testigos."

Extraído del libro
"El Profeta" de Khalil Gibran

La vida misma nace y se desarrolla gracias a dones misteriosos y esfuerzos humanos continuos. Habitualmente no nos detenemos a pensar en ello. Tomamos y usamos lo que tenemos a nuestra disposición sin valorarlo, como si fuera tan natural el hacerlo. Nuestros pensamientos giran preferentemente alrededor de lo que nos falta. Nos cuesta percibir que la convicción profunda del derecho de ser lo que se es, y tener lo que se tiene, depende de la capacidad de valorar y agradecer. Nada es realmente nuestro si no sabemos agradecerlo.

Hacer mal uso de lo que ha sido creado por la naturaleza o el hombre, o derrocharlo, o permitir que se destruya por desidia, es en sí mismo la negación de la gratitud. Muchas veces los valores de nuestra civilización nos hacen desestimar lo que puede tener valor, o utilidad para otros. Nos impulsan a consumir más allá de la propia necesidad, sin respetar el buen uso. Nos transmiten la exigencia de recibir, cada vez más, sin tener que agradecer. El derroche, el consumo más allá de lo que uno puede apreciar, asimilar y agradecer es un despojo, ya que se quita a aquellos que podrían necesitarlo.

La gratitud es el acto más profundo a través del cual cada uno recrea vida y vitalidad. La alegría de recibir agradecimiento es una fuente extraordinaria de energía. La gratitud no sólo se expresa en pensamiento o palabras. Está en la alegría misma de hacer, amar y responder. La gratitud está presente cada vez que sabemos reconocer lo valioso que hay en nosotros o en los demás, en todos los actos y pensamientos positivos, en la capacidad de interesarse en las personas, en el cuidado inteligente hacia uno mismo y los demás. La gratitud promueve la capacidad de amar, del mismo modo que nos enseña a saber agradecer, porque nos integra en el mundo de lo valioso. En la emoción que acompaña todo agradecimiento verdadero ya es evidente cuanto uno valora lo recibido; nos hace sentirnos más ricos, y despierta el deseo de devolver amor y atención.

Con la capacidad de agradecer logramos restablecer el vínculo con las fuerzas del universo y con nuestras propias energías positivas, porque nos reconciliamos profundamente con la vida, y nos otorgamos el permiso de gozar de lo que es transitoriamente nuestro.

CAPÍTULO XXVII.
¿CÓMO EMPEZAR?

El primer paso para iniciarse en el mundo de los CONTRATOS POR DIFERENCIA CFDs es a través de una cuenta DEMO gratis en algún *broker*, para conocer la plataforma y los diferentes mercados. Para abrir una cuenta, es necesario que el principiante llene en línea los formularios que aparecen en el sitio web del *broker* seleccionado y envíe los documentos de identificación solicitados. Generalmente le solicitarán copia de su pasaporte y una comprobación de domicilio. Para esto último se utiliza copia notariada de a lo menos 2 comprobantes de Servicios tales como una cuenta de Teléfono, Gas, Energía eléctrica, o una cartola bancaria donde se indique su domicilio. Una vez aprobado por el *broker* sus datos, le abrirá una cuenta individual a su nombre. El cliente debe remesar los fondos desde una cuenta bancaria a su nombre, o una Tarjeta de Crédito a su flamante cuenta de trading a través del Banco del *Broker*. Tanto para remesar los fondos como para retirarlos, siempre deberá ser a través del nombre exacto de la persona que aparece en la cuenta. Esta ruta es muy importante porque a través del monitoreo de este canal las autoridades que regulan a los *brokers* pueden controlar que no se realicen transferencias de flujos de dinero a terceros, tales como terroristas o lavado de dinero de drogas.

Tan pronto son recibidos los fondos, el *broker* le hace llegar directamente por *mail* las claves de su cuenta para que desde cualquier PC pueda acceder a la plataforma tecnológica para transar.

NOCIONES DE ANÁLISIS
TÉCNICO BÁSICO

En el último tiempo este tipo de análisis ha tenido tal desarrollo que se encuentran disponibles innumerables herramientas e indicadores estadísticos para ser utilizados por el operador. Existe la creencia errónea que los sistemas de operaciones mientras más sofisticados y complejos sean, mejores resultados rendirán a su cuenta. Pero es precisamente esta complejidad la que produce una confusión visual que no beneficia a la toma de decisiones y termina inmovilizando al operador, al no saber en definitiva cual señal seguir.

Al final de cuentas lo más simple es siempre lo mejor.

Los conceptos más básicos y suficientes del Análisis Técnico son:
- Gráficos de precio con diferentes horizontes de tiempo
- Patrones de velas japonesas
- Patrones de precios

- Líneas de soporte y resistencia
- Promedios móviles
- Bandas Bollinger
- Indicador MACD
- Indicador STOCHASTIC

1. Gráficos de precio

El análisis técnico se puede realizar en cualquier horizonte de tiempo. Es decir podemos analizar cualquier serie de precios cada 1 minuto, cada 15 minutos, cada media hora, cada hora, cada 4 horas, cada día, cada semana, cada mes, etc.

La pregunta siempre será ¿Cuál gráfica se debe utilizar?

Esto dependerá de cuanto tiempo se disponga para estar inmovilizado frente al computador. La regla básica es que mientras menos tiempo disponga frente a su computador, debe aprender a trazar gráficos con horizontes más amplios de tiempo, como lo son 4 horas, diarios y semanales.

De cualquier forma, una sugerencia importante es que no importa que gráfica de tiempo analice, no se debe omitir analizar la gráfica diaria, ya que esta otorga una visión muy esclarecedora de la tendencia general para la sesión.

La mejor forma de hacerlo es partir de un análisis del gráfico diario, bajando hacia gráficos más pequeños como el de hora o media hora. Esto permite encontrar puntos más exactos de entrada y salida para las posiciones.

Lo importante es destacar que los gráficos más amplios de tiempo como el semanal o mensual, son más exactos y muestran las tendencias a largo plazo, pero los puntos de

entrada son mucho menos precisos, requiriendo de orde-
nes de stop loss mucho más holgadas, con pocas señales
en todo el mes para entrar a una posición.

Por el contrario, utilizar gráficos de tiempo más cortos
como el de minutos, significará que aunque sus entradas
y salidas serán más exactas, sus objetivos de utilidades
deberán ser mucho más modestos. No se debe olvidar el
spread a remontar, el cual en proporción, puede llegar a
ser bastante significativo.

2. El Precio : Velas Japonesas

Las velas japonesas son figuras que contienen toda la
información acerca del movimiento del precio en la unidad de tiempo elegida.

Cada vela representa toda la información relativa al
comportamiento del precio en la unidad de tiempo elegido para el análisis.

Una vela Blanca significa que, durante el período evaluado, el mercado ganó valor.

Una vela Negra significa que, durante el período evaluado, el mercado perdió valor.

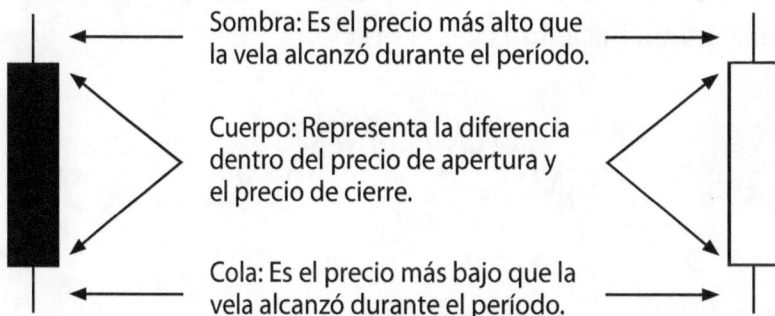

Sombra: Es el precio más alto que la vela alcanzó durante el período.

Cuerpo: Representa la diferencia dentro del precio de apertura y el precio de cierre.

Cola: Es el precio más bajo que la vela alcanzó durante el período.

3. Soportes y Resistencias

Línea de soporte:

Un soporte es un nivel de precios en el que se detiene la caída y éste rebota nuevamente al alza. Si el mercado entendido, como la voluntad de millones de inversionistas, considera que es un nivel de precios muy bajo, cuando la cotización alcance ese valor, las compras se dispararán haciendo rebotar el precio al alza.

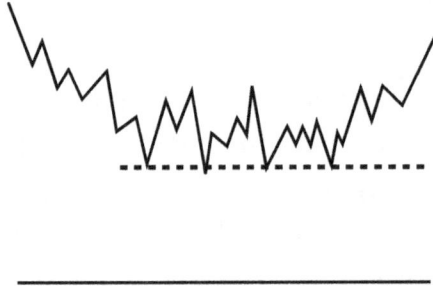

Línea de resistencia:

Una resistencia es un nivel de precios en el que se detiene la subida y ésta rebota hacia abajo.

Si el mercado considera que es un nivel de precios muy alto, cuando la cotización alcance ese valor, las ventas se dispararán haciendo caer el precio.

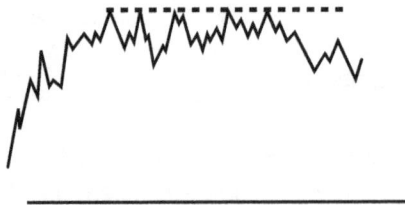

El propio mercado fija los soportes y las resistencias. No es que los *traders* se pongan de acuerdo, sino simplemente coinciden en la valoración que realizan, al entender que un precio es muy elevado (resistencia), o que un precio es muy bajo (soporte)

Los soportes y las resistencias se detectan al analizar el gráfico de la evolución de los precios de cierre, donde se puede ver como hay niveles donde la subida de precio se detiene y otros en los que se frena la caída.

Los soportes y resistencias tienen una duración determinada, ya que llega un momento en que prevalecen las noticias reforzando la tendencia y el precio termina rompiendo dicho nivel.

Si la tendencia es alcista los soportes y resistencias serán cada vez más altos.

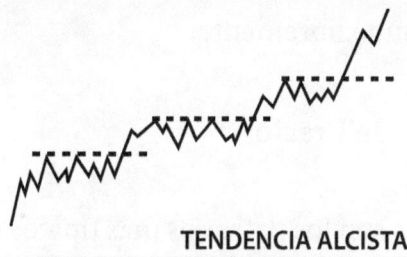

TENDENCIA ALCISTA

Si la tendencia es bajista los soportes y resistencias serán cada vez más bajos.

TENDENCIA BAJISTA

Cuando los soportes y las resistencias son atravesados con cierta fuerza suelen cambiar de papel: el soporte se convierte en resistencia y viceversa.

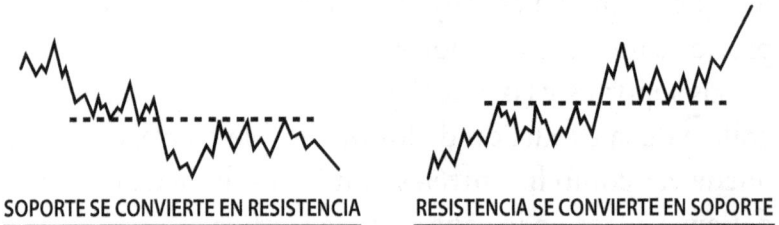

SOPORTE SE CONVIERTE EN RESISTENCIA **RESISTENCIA SE CONVIERTE EN SOPORTE**

Cuando se perfora un soporte, el precio suele caer con fuerza: se ha roto una barrera que se ha encontrado en su bajada, y una vez vencida ésta, cae libremente.

Cuando se supera una resistencia, el precio suele subir con fuerza: se ha roto una barrera en su escalada, y una vez vencida ésta, sube libremente.

4. Patrones de Precio

Estas figuras son los patrones más típicos de cambio de tendencia:

"M" o Doble Top: se produce cuando hay una tendencia alcista. En este caso los máximos son cada vez más altos, pero si en un momento dado un máximo no supera el máximo anterior, esto es señal de que se puede producir un cambio de tendencia.

Esta figura se confirma cuando la cotización cae por debajo del último mínimo, es decir, de aquel que se formó entre los dos máximos anteriores.

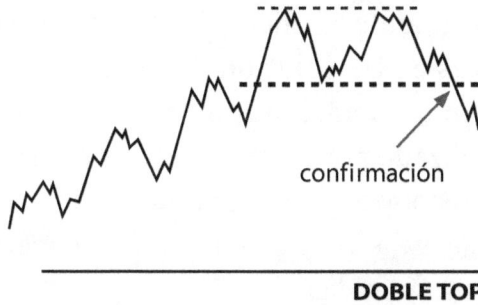

DOBLE TOP

"W" **Doble Valle:** se produce cuando hay una tendencia bajista. Los mínimos son cada vez menores, pero si en un momento dado un mínimo no supera el mínimo anterior, esto es señal de que se puede producir un cambio de tendencia.

Esta figura se confirma cuando la cotización supera el último máximo, es decir, aquel que se formó entre los dos mínimos anteriores.

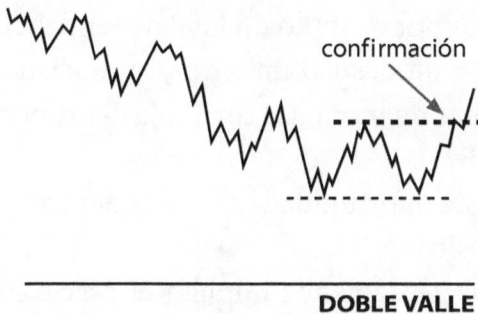

DOBLE VALLE

5. Patrón Reversión M W: Gráfico de 5 minutos

El Monstruo de los mercados se frota las manos para atacar a sus presas precisamente en la zona de reversión de una tendencia.

Afortunadamente el mercado no puede evitar dejar huellas típicas en la evolución del precio de un PAR que delata el término o finalización de ese movimiento. Esto podrá ser utilizado por el operador como una herramienta útil para reconocer la trampa que tiende el Monstruo y mantenerse alejado de ella hasta que el mercado tome una tendencia definida.

Transar en esta zona es extremadamente difícil y sólo lo logran los profesionales, o *traders* con mucha experiencia o con buena fortuna.

Patrones típicos de reversión de tendencia al alza "W" o a la baja "M":

Estos son patrones de reversión funcionan como predictores del comportamiento del mercado porque no es más que la representación gráfica de lo que hacen los *traders*. Veamos por ejemplo un final de tendencia a la baja:

- Frente a un desplazamiento pronunciado del precio de un par de monedas se dibuja el primer trazo de la W. (A-B)
- Ante esta oportunidad sale un poder comprador a tomar posición.
  Esta fuerte demanda impulsa el precio formando el segundo trazo de la W. (B-C)
- Con este último movimiento, quienes tomaron posición inicialmente ya han cumplido su objetivo de precio y comienzan a cerrar sus posiciones lo que hace ceder el precio. Esto dibuja el tercer trazo de la W .(C-D)

- Pero como aún prevalece en el ambiente la oportunidad de entrar a esta posición, comienza una nueva demanda pero esta vez mucho mas sostenida y que arrastra a la masa de inversionistas. Esto dibuja el ultima trazo de la W. (D-E)

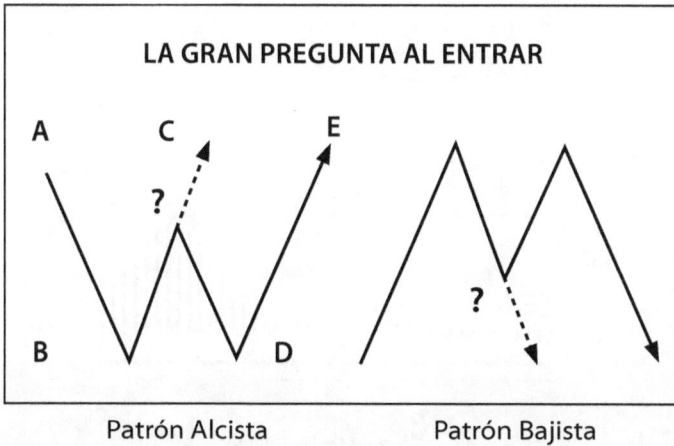

Patrón Alcista   Patrón Bajista

El eterno dilema será... ¿en qué parte de la "W" o "M" estamos entrando?

Para no caer en la trampa se debe buscar la coherencia con los indicadores MACD y STOCH.

Se sugiere colocar las bandas de Bollinger (simple de 20,2) y trazar los precios en gráficos de línea para ver con más claridad los patrones de reversión de tendencia M o W.

Los horizontes de tiempo a revisar para encontrar oportunidades de inversión son los gráficos de 5 minutos y los patrones que se configuran pegados a la Bollinger, denominados anomalías extremas.

Ejemplo:

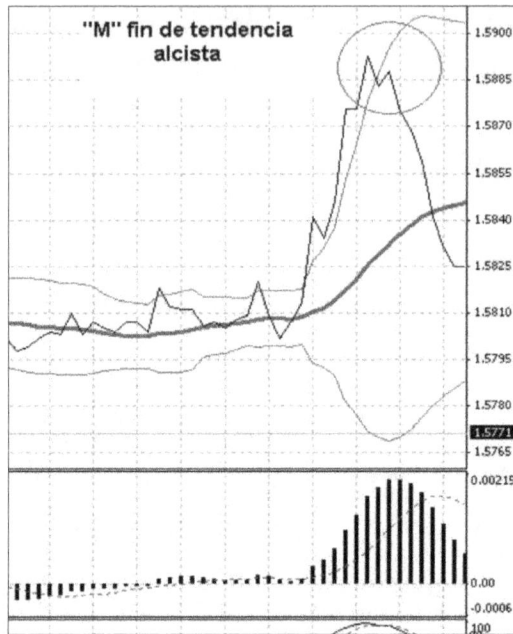

"M" fin de tendencia alcista

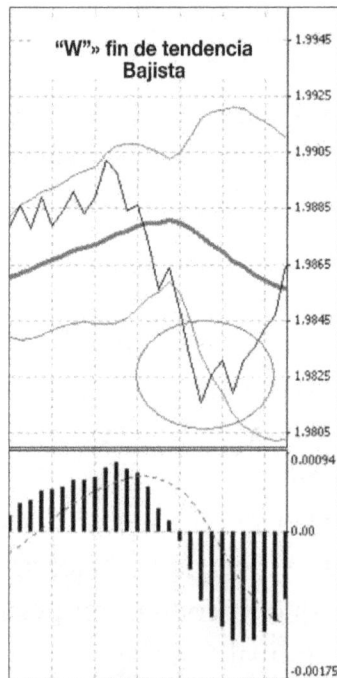

"W"» fin de tendencia Bajista

Entrada en una posición:

Si se proyecta que ocurrirá un patrón "M" o "W" hay dos puntos que pueden ser aprovechados para obtener ganancias:

X. Pull back:

Entrar en el centro de la "M" o la "W" intentando ganar la posición con el PULL BACK que realiza el mercado en dirección contraria al patrón que está trazando.

Si la Bollinger no se encuentra horizontal, muchas veces la segunda pata de la "M" o la "W" puede ser alojada en valores muy atractivos para obtener una alta rentabilidad de la posición. Ver la siguiente figura:

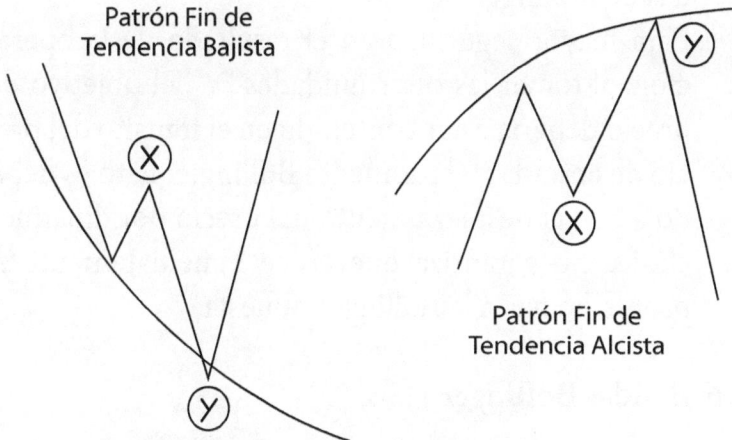

Patrón Fin de Tendencia Bajista

Patrón Fin de Tendencia Alcista

Y. Cazar la segunda pata:

También se puede tomar posición de ENTRADA directamente en la segunda PATA de la "W" o "M". Ojo con la Banda de Bollinger, la cual debe estar horizontal o pendiente positiva para las LONG, y horizontal o pendiente negativa para las SHORT.

Comentarios:

a. Para acompañar los patrones típicos se aconseja la alineación de los siguientes indicadores en orden de importancia:

- STOCHASTIC: Debe estar sobre 20% en las posiciones LONG, ascendiendo desde abajo. Estar bajo 80% en las posiciones SHORT, descendiendo desde arriba.
- MACD: En posición de máxima potencia, es decir cuando se produce el cruce de los EMA de este indicador.

b. Para aumentar la probabilidad de aciertos se insiste en tomar los patrones "M" o "W" pegados a las bandas de Bollinger.

c. Para mayor seguridad en el resultado de la operación, al tomar las oportunidades "Y", el objetivo de precio debería estar contenido en el transito del precio de entrada y el promedio Bollinger. Esto es debido a que el desplazamiento del precio por dinámica clásica no garantiza que cruce inmediatamente el promedio hasta la Bollinger opuesta.

6. Bandas Bollinger

Esta herramienta de análisis fue creada por John Bollinger y son bandas trazadas por arriba y por debajo del promedio móvil, a un determinado nivel de desviación estándar del promedio móvil. La desviación estándar es una medida de como los valores se alejan de su promedio. Si se aplicara por ejemplo 2 desviaciones estándar y se supusiera que la distribución de los valores para el período de "n" días es Normal, en términos estadísticos, se podría afirmar que si el precio sale fuera de las bandas, la probabilidad de que regrese hacia su valor promedio es 98% contra 2%, a que siga fuera de la banda. Dado que la desviación estándar es una medida de la volatilidad, las bandas se ensancharán durante los períodos turbulentos del mercado y se contraerán cuando el mercado se aquiete en torno al promedio.

La interpretación más clásica es que a un período de estrechez le sigue un período de expansión de precio.

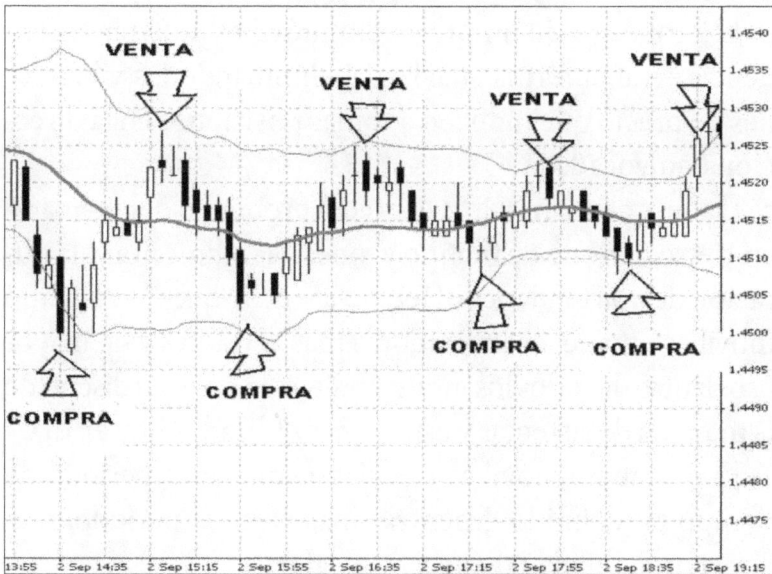

Las Bandas Bollinger permiten a los inversionistas saber si un precio de una divisa está alto o bajo. La banda superior es el criterio para los precios altos mientras que la banda inferior lo es para los precios bajos.

Muchos inversionistas las usan principalmente para determinar niveles de sobre-compra y sobre-venta, vendiendo cuando el precio toca la Banda Bollinger superior y comprando cuando toca la Banda Bollinger inferior. En mercados sin tendencia, esta técnica funciona bien, ya que los precios transitan rebotando rigurosamente entre las dos bandas.

7. Promedios Móviles

El Promedio Móvil o *moving average*, es el indicador más utilizado en análisis técnico y con razón, ya que es uno de los indicadores técnicos más antiguos que existen.

El propósito de un promedio móvil es mostrar la tendencia en una forma suavizada, eliminando las vibraciones de precio que inducen a tomar posiciones en la dirección equivocada.

Un promedio móvil es el precio promedio del mercado en cierto período de tiempo y muestra la dirección y la duración de una tendencia. Debido al hecho que el promedio móvil es uno de los indicadores más versátiles y de mayor uso dentro de todos los indicadores, es la base del diseño de la mayoría de sistemas y estrategias utilizados hoy en día.

El promedio móvil es calculado con cierto período de tiempo predefinido. Mientras más corto el período, mayor la probabilidad de una señal falsa.

Mientras más largo el período, menor es la sensibilidad del promedio móvil. Es decir, más certera pero existirán menos señales.

Como su mismo nombre lo implica, un promedio móvil es un promedio de un grupo cambiante de datos, que se mueven hacia adelante con cada período que avanza, descartando el primer dato del grupo anterior e incorporando el ultimo nuevo dato.

Promedio Móvil Simple (SMA):

El Promedio Móvil Simple es sin duda el promedio móvil más utilizado hoy en día. A veces es llamado promedio móvil aritmético y básicamente es un precio promedio a través de un período de tiempo.

Se calcula sumando los precios de cierre del par analizado durante cierto período de tiempo y luego se divide por el mismo número de períodos. Por ejemplo, el Promedio Móvil de los últimos 10 días es la suma de los precios de cierre, dividido por 10.

Debido al hecho que el Promedio Móvil Simple da el mismo peso a cada período de precio, mientras más largo sea el período de tiempo evaluado, mayor será la suavización de los datos mas recientes.

Ejemplo del EUR/USD y su SMA de 20:

Promedio Móvil Exponencial (EMA):

El indicador de Promedio Móvil Exponencial reacciona más rápidamente a cambios de precios recientes que el Promedio Móvil Simple debido al hecho que su fórmula le asigna más peso a los últimos períodos de precio.

Ejemplo del EUR/USD y su EMA de 20:

Cómo Transar Utilizando Promedios Móviles:

Los promedios móviles generalmente funcionan mejor en mercados con tendencia que sin ella, ya que puede existir mucho "ruido", lo cual significa que podrán existir señales falsas de entrada o salida debido a las vibraciones del precio de algún par, sin que eso signifique un cambio de tendencia.

Se debe vender cuando los precios se mueven para abajo y rompen al promedio móvil por debajo. Mejor aún si existe un cuerpo de vela completo por debajo del promedio móvil.

Se debe comprar cuando los precios se mueven para arriba y rompen al promedio móvil por encima. Mejor aún si existe una cuerpo de vela completa por encima del promedio móvil.

8. Cadencia del Mercado

El mercado se comporta al igual que los movimientos del mar, los cuales están regidos por la atracción de gravitacional de la Luna y los planetas, aparte de los vientos caóticos. Por la acción de estos factores se genera una marea pesada que hace oscilar la superficie del mar en movimientos ondulantes pesados hacia arriba y hacia abajo, acompañados de oleaje menor impredecible.

Del mismo modo, los mercados tienen un comportamiento parecido. La oferta y la demanda por un par de divisas generará movimientos pesados ondulantes los cuales se reflejan como una verdadera "marea sinusoidal" **reflejada en el promedio móvil.**

La única gran diferencia es que el mercado no tiene un nivel fijo como el mar, sino que va dibujando en el plano oscilaciones de diferentes magnitudes, las cuales a su vez son como oscilaciones "fractales" [*] contenidas dentro de movimientos de mayor amplitud. Detectarlas a tiempo es un verdadero arte.

---

[*] Fractal: figuras que se repiten invariablemente en todas las escalas. Teoría del Caos.

Es extremadamente importante acompasar nuestras decisiones de compra o de venta con el movimiento "marea" del mercado, para cuidar en lo posible transar siempre a favor del mercado. Esto nos ayudará a que nuestros objetivos de precio sean más grandes o ambiciosos cuando transamos a favor del mercado, o al revés, a ser más cautos cuando transamos en contra del mercado, colocando un objetivo de precio menor.

Determinación de la Cadencia predominante

Para determinar la cadencia predominante se debe analizar la **oscilación del promedio móvil simple de 20** en horizontes de tiempo largos como, por ejemplo, el gráfico de 15 min, 30 min. Cuando la cadencia en gráfico de 15 minutos es coherente con el ciclo de la cadencia en 30 minutos no tendremos desagradables sorpresas, porque estaremos transando a favor del mercado.

Cuando **armonía en las cadencias en todos los horizontes** el resultado será con altísimas probabilidades un éxito y de grandes beneficios (sobre 100 pips).

En gráfico de 5 min es importante tomar posiciones al inicio del ciclo (**primer tercio**) de modo de tener seguridad que nos moveremos en el sentido esperado arrastrado por la marea mayor de otros horizontes 15 min, 30 min y 1 hr.

Los ciclos siempre tendrán estimativamente 3 tercios. El inicio, parte central y parte final, pero sus límites nunca podrán ser definidos con precisión para cada ciclo. Cada ciclo tiene sus propias características y sólo se puede tener la certeza de su primer tercio de inicio, y de su tercio final.

Ejemplo:

Gráfico 5 min

Gráfico 30 min

Gráfico 1 hora

9. Indicador MACD:

Este indicador fue originalmente diseñado para el análisis en las tendencias de las acciones de la bolsa y ahora es ampliamente usado en muchos mercados.

La Convergencia Divergencia de los Promedios Móviles (MACD) fue inicialmente construida por Mr. Gerald Appel un analista de Nueva York, y está basado en promedios móviles. Es un criterio muy útil por ser más sensible a los movimientos de precios, comparado con la sola línea de un promedio móvil que es más rezagada.

El indicador MACD consiste de dos líneas; la primera línea de este indicador es la **línea MACD**, la cual usa el promedio móvil exponencial del precio de 12 períodos (EMA rápido, *Exponential Moving Average*) menos el promedio móvil exponencial del precio de 26 períodos (EMA lento).

MACD = EMA [12] del precio cierre – EMA [26] del precio cierre

La línea generada oscila a lo largo de la línea del cero (Línea del Centro) sin límites superiores e inferiores.

La segunda línea es llamada la Línea de Señal y usa un promedio móvil simple de período 9 de la línea previa (línea MACD).

Señal = MACD – SMA [9] de MACD

Interpretación:

Para Posiciones LONG el indicador MACD tiene 2 configuraciones que indican una fuerza relativa al alza:

Primera Fase (Máxima potencia): Esta Fase se desarrolla desde el punto mas bajo (-100) hasta el nivel cero. Al inicio de esta Fase primaria, el punto de máxima potencia al alza se produce donde las medias de 12 y 26 se cruzan hacia arriba.

Segunda Fase (Potencia Secundaria): Esta fase se desarrolla desde el nivel "cero" hasta el punto máximo (+100). El inicio de esta Fase Secundaria es el punto de impulso y continuación de la tendencia al alza.

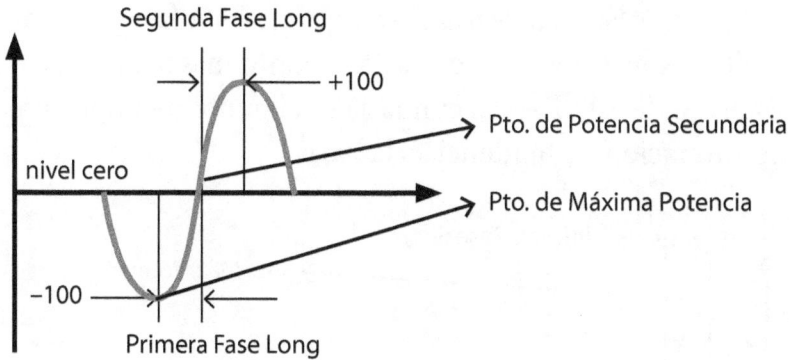

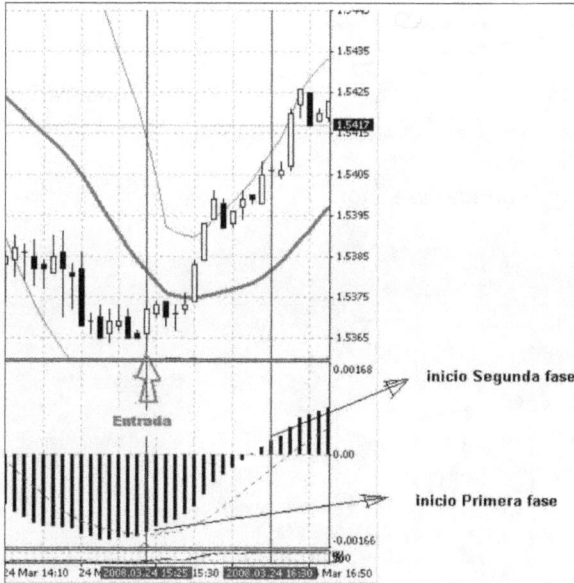

Para Posiciones SHORT el indicador MACD tiene 2 posiciones que indican una fuerza relativa a la baja:

Primera Fase (Máxima potencia): Esta Fase se desarrolla desde el punto mas alto (+100) hasta el nivel cero. Al inicio de esta Fase Primaria, el punto de máxima potencia a la Baja se presenta, donde las medias móviles de 12 y 26 se cruzan hacia abajo.

Segunda Fase (potencia Secundaria): Esta fase se desarrolla desde el nivel "cero" hasta el punto mas bajo (-100). El inicio de esta Fase Secundaria es el punto de impulso y continuación de tendencia a la baja.

Repechajes:

Cuando el precio oscila en escalerillas, produce ondulaciones en el MACD **observadas en gráfico de 5 minutos**. Los puntos de "Repechaje" se presentan el punto de cruce con la media de 9, y son de extrema utilidad para detectar continuación de tendencia.

LONG : Escalerilla al Alza

SHORT : Escalerilla a la Baja

10. Indicador Stochastic

El indicador estocástico (*Stochastic*) fue desarrollado por Mr. George Lane a principios de 1960's. Su concepto se basa en el supuesto de que cuando el precio se incrementa, el cierre tiende a estar más cerca al punto alto del reciente rango de precios. Por el contrario, cuando el precio decae, el cierre tiende a estar más cerca al punto bajo del reciente rango de precios.

El estocástico es un oscilador de *momentum* que oscila entre 0 y 100 y consiste de dos líneas:

%K – Es la línea principal y usualmente es presentada como una línea compacta

%D – Es simplemente un promedio móvil de %K y usualmente es presentado como una línea punteada.

Se recomiendan los siguientes valores para este indicador en su forma exponencial: %K=15, %D=3

La forma de interpretarlo que recomendamos es utilizarlo así:

LONG: si ambas líneas del indicador están sobre el límite de 20% cruzando hacia arriba.

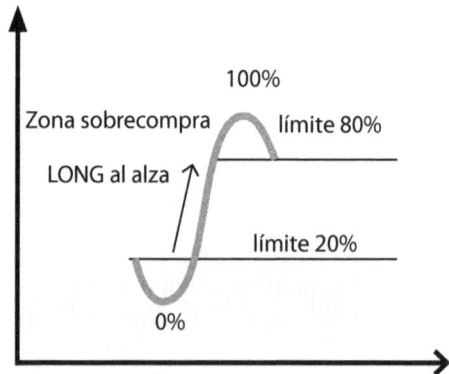

SHORT: si ambas líneas del indicador están bajo el límite de 80% cruzando hacia abajo.

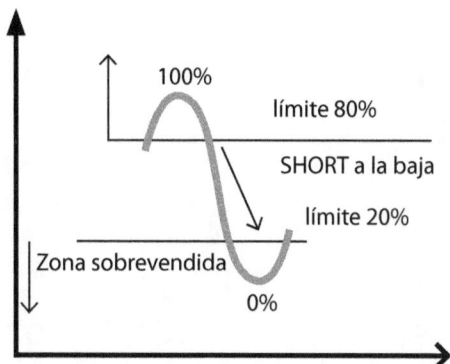

Un indicador *STOCHASTIC LEGÍTIMO LONG* se denomina así cuando abandona la zona de sobreventa y cruza hacia arriba su límite de 20 para avanzar hacia 80.

Un indicador *STOCHASTIC LEGÍTIMO SHORT* se denomina así cuando abandona la zona de sobrecompra y cruza hacia abajo su límite de 80 para avanzar hacia 20.

JOSÉ A. MELI MUNDI nació en Santiago de Chile en 1949, es casado con Cecilia Saavedra y padre de cuatro hijos: Emilia, Conrado, Romina y Silvana.

Realizó sus primeros estudios en la Scuola Italiana, y posteriormente se graduó de Ingeniero Civil Químico en la Universidad Técnica del Estado en 1972. Se ha desempeñado durante su carrera profesional en el área minera y forestal, ocupando cargos como Superintendente de Planta de Pellets de CAP, Ingeniero Jefe de Proyecto de Sociedad Minera Pudahuel SMP, Gerente de Operaciones de SOQUIMICH, Gerente de Proyecto CORRAL, Gerente de Desarrollo de TERRANOVA y como Gerente del Proyecto Salitrero MINERA YOLANDA.

Aunque su formación universitaria lo orientó hacia la industria, desde muy temprano mantuvo su pasión y pasatiempo por los estudios bursátiles, estadísticos y de economía.

En 1994 creó la empresa GOLDEN INVESTMENT & SERVICE Ltda. para asesoría a clientes en renta variable en bolsa chilena, la cual a partir del año 2000 se relanzó en su formato *online* como StrikeOption.com.

En 2005 fundó la empresa SAVING TRUST S.A. donde se desempeña actualmente como Gerente de Comercial.

Ha sido profesor de la Cátedra de Mercado de Capitales en la Universidad de Las Condes en 1997, y participó desde 1998 como profesor invitado al MBA de la Universidad de Chile para el

Módulo Estrategias de Inversión. Además ha sido columnista de El Diario *Financiero* entre 1997 y 2003.

Es autor del libro: *"El Sorprendente Mundo de la Bolsa"* publicado por Dolmen, Gestión y Economía en 1996, el cual a partir de 2007 es reeditado por ByN para Amazon.com

Es autor del libro: *"Navegando en la Tormenta de los Mercados"* publicado en 2008 por ByN para Amazon.com

LIBROS RECOMENDADOS

- Todo Sobre La Bolsa: Acerca de los Toros y los Osos, Jose Meli

- Piense y Hágase Rico, Napoleon Hill

- El Sistema Para Alcanzar El Exito Que Nunca Falla, W. Clement Stone

- La Ciencia de Hacerse Rico, Wallace D. Wattles

- El Hombre Mas Rico de Babilonia, George S. Clason

- El Secreto Mas Raro, Earl Nightingale

- El Arte de la Guerra, Sun Tzu

- Cómo Gané $2,000,000 en la Bolsa, Nicolas Darvas

- Como un Hombre Piensa Asi es Su Vida, James Allen

- El Poder De La Mente Subconsciente, Dr. Joseph Murphy

- La Llave Maestra, Charles F. Haanel

- Analisis Tecnico de la Tendencia de los Valores, Robert D. Edwards - John Magee

Disponibles en www.bnpublishing.net